# Der Adler ist immer dabei



## Hier spricht der Adler

O: Oktopus, A: Adler

**O:** Hallo Adler, du kommst mir sehr bekannt vor. Ich habe dich gestern im Fernsehen gesehen.

**A:** Oh ja, es war ein schrecklicher Tag. Du hast mich bestimmt im Reichstagsgebäude in Berlin bei der Bundestagssitzung gesehen.

**O:** Ich habe dich immer hinter diesen Leuten hängen sehen, die da so lange Reden halten!

**A:** Ja, das ist meine wichtigste Aufgabe. Ich bin nämlich das Bundeswappen, also ein Symbol für diesen Staat Bundesrepublik Deutschland. Deshalb muss ich den ganzen Tag und auch nachts hinter dem Rednerpult an der Wand hängen, darf mich nicht bewegen und auch nichts essen. Im Bundestag ist es oft laut und warm und fast alle gucken mich an.

**O:** Kannst du denn nie mal Urlaub machen?

**A:** Nein. Ich gehöre als Wappentier unbedingt dazu. Meine Kinder sind schon mal auf Reisen, auf der Staatsflagge oder auf den Flugzeugen der Bundeswehr, wenn sie Politiker zu Reisen in andere Länder bringen - aber ich muss hier bleiben.

**O:** Bist du schon lange in Berlin?

**A:** Nein. Im Sommer 1999 sind wir von der alten Hauptstadt Bonn hier nach Berlin gezogen. In Bonn war es gemütlicher. Der Rhein floss hinter mir vorbei, in den Ferien war es ruhig und es waren weniger Leute da. Hier in Berlin ist alles viel größer und hektischer.

**O:** Wie kam es denn eigentlich, dass man ausgerechnet dich als Adler ausgewählt hat, das Bundeswappen zu sein?

**A:** Oh, das ist schon lange her. Schon im Jahr 1871, als es noch den Kaiser gab, wurde ich zum Zeichen des Reiches. Auch spätere Herrscher, darunter auch solche, die ich überhaupt nicht leiden konnte, wollten mich behalten. So war es auch nach dem Krieg keine Frage, dass man mich weiter beschäftigen wollte.

**O:** Du hast viele Kinder, Geschwister und Verwandte. Wo seid ihr überall zu finden?

**A:** Da wir gleichzeitig auch als „Dienstsiegel" benutzt werden, findet man uns Adler fast überall: Auf Amtsschildern, Münzen, Stempeln, Ausweisen, Urkunden und auf den Trikots der Fußball-Nationalmannschaft. Auf fast allen Dingen, die mit dem Staat zu tun haben, kannst du uns finden. Das ist eine verdammt harte Arbeit. Aber die Familie hält zusammen. Eigentlich sind wir sogar sehr stolz darauf, als Zeichen eines Staates zu arbeiten.

**O:** Vielen Dank für das Interview!

**1.** Suche den Bundesadler auf einem Schriftstück. Schneide ihn aus und klebe ihn hier auf (bei wichtigen Dokumenten solltest du besser eine Kopie machen und diese aufkleben!)

**2.** Informiere dich über den Adler (hier: Steinadler). Erstelle einen Tiersteckbrief und schreibe auf, welche Eigenschaften man mit diesem Tier verbindet.

**Tipp:**
Mehr über den Wechsel des Adlers von Bonn nach Berlin findest du im Oktopus-Baustein „Berlin" (ISBN 3-623-20708-8).

# Alles was der Staat braucht

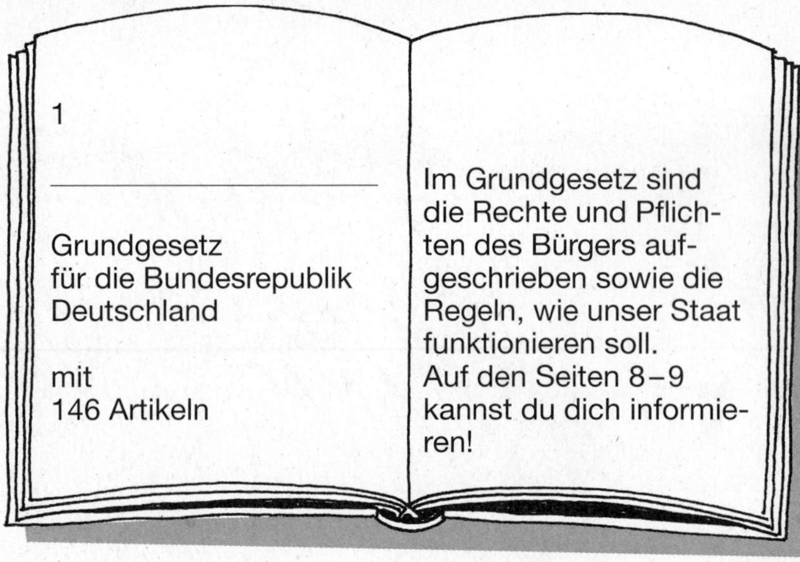


5

___

2

___

Der Bundesadler ist das Symbol des Staates.
Warum das so ist, erfährst du auf Seite 1!

## Die Deutschland-Sieben

**2.** Setze in die 7 Schreibbalken die 7 richtigen Überschriften ein:
**Regeln und Gesetze – Staatswappen – Nationalhymne – Bürger/Bürgerin – Staatsgebiet und Staatsname – Demokratie – Volk**

3

___

Die Nationalhymne wurde von Joseph Haydn (1732–1809) komponiert und 1841 von Hoffmann von Fallersleben getextet. Er schrieb drei Strophen. Im Dritten Reich wurde nur die erste Strophe gesungen, nach der Deutschland besser sei als alle anderen Staaten („Deutschland über alles“). Nach der Gründung der Bundesrepublik wurde 1952 das „Lied der Deutschen“ zur Nationalhymne erklärt. Bei staatlichen Veranstaltungen soll aber nur die dritte Strophe gesungen werden. Sie lautet:

„Einigkeit und Recht und Freiheit
für das deutsche Vaterland!
Danach lasst uns alle streben
brüderlich mit Herz und Hand!
Einigkeit und Recht und Freiheit
sind des Glückes Unterpfand.
Blüh im Glanze dieses Glückes,
blühe deutsches Vaterland!“

**1.** Singt gemeinsam diese Strophe und interpretiert den Text.

4

___

**3.** Klebe hier ein Bild von dir ein.



OKTOPUS Deutschland – deine Ordnung, ISBN 3-623-20714-4

In der Bundesrepublik leben derzeit etwa 82,5 Millionen Menschen, davon etwa 75 Millionen mit der deutschen Staatsangehörigkeit und etwa 7,3 Millionen ausländische Bürger.

Das Staatsgebiet der Bundesrepublik hat eine Fläche von 357 050 Quadratkilometern. Zum Staatsgebiet gehört die Erdoberfläche, aber auch der Luftraum und eine Drei-Meilen-Zone an den Küsten. Wer sich auf deutschem Staatsgebiet aufhält, muss die Gesetze des Landes befolgen. Das Staatsgebiet ist in 16 Bundesländer unterteilt.

6 ______________________

Der Staatsname „Bundesrepublik Deutschland“ besagt, dass sich 16 einzelne Bundesländer zu einem so genannten „Bundesstaat“ zusammengeschlossen haben. Die Länder gehören zwar zur Bundesrepublik, haben aber eine gewisse Eigenständigkeit (z.B. eigene Landesverfassungen).

Das Wort „Republik“ sagt aus, dass es keinen Herrscher (z.B. einen König) gibt, sondern an der Spitze des Staates vom Volk gewählte Politiker stehen. Das Wort Republik ist lateinischen Ursprungs (res publica) und bedeutet so viel wie Staat oder Gemeinwesen.

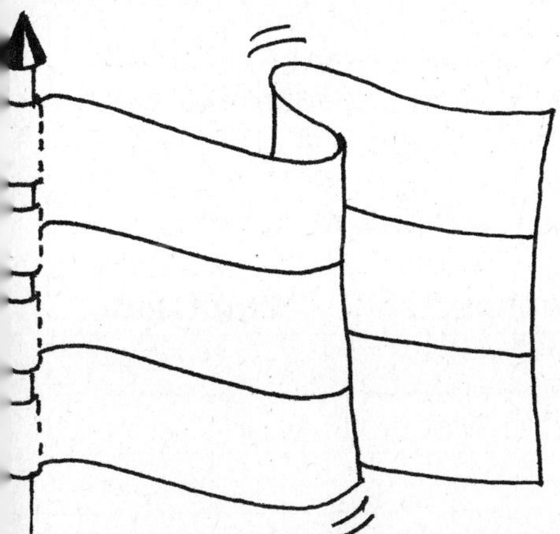

**4.** Male die deutsche Flagge in den richtigen Farben an.

Die Farben der Staatsflagge gehen auf das ehemals kaiserliche Wappen zu Beginn des 19. Jahrhunderts zurück, von dem das Schwarz des Adlers, das Rot seiner Klauen und Zunge sowie das Gold des Wappenfeldes stammen. Schwarz-Rot-Gold wurden auch die Farben des Deutschen Reiches.

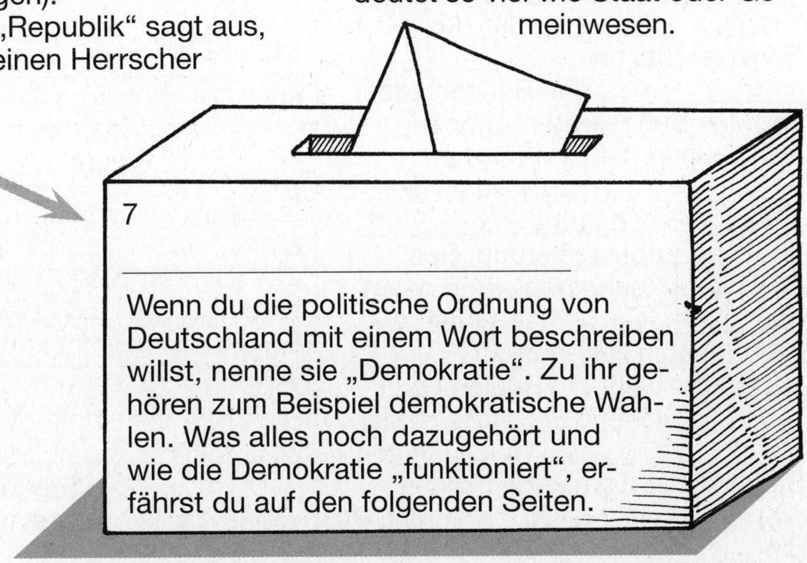

7 ______________________

Wenn du die politische Ordnung von Deutschland mit einem Wort beschreiben willst, nenne sie „Demokratie“. Zu ihr gehören zum Beispiel demokratische Wahlen. Was alles noch dazugehört und wie die Demokratie „funktioniert“, erfährst du auf den folgenden Seiten.


OKTOPUS Deutschland – deine Ordnung, ISBN 3-623-20714-4

# Deutschland auf drei Ebenen

**1.** Vervollständige die Karte und beschrifte die Bundesländer.

B

**1.) Die Ebene des Bundes** (also die Bundesrepublik als Ganzes):

N

W

R

P

**Steckbrieflich gesucht:**
**Die Bundesrepublik Deutschland!**

**2.** Erstelle mit Hilfe von Nachschlagewerken, Erdkundebuch und dem Internet einen großen Deutschland-Steckbrief, mit Angaben zur Staatsfläche, Einwohnerzahl, zu den größten Städten, Nachbarstaaten, Wirtschaftsgütern (Ausfuhr, Einfuhr), Handelspartnern, größten Unternehmen, Mitgliedschaften in Organisationen, Bundespräsident, Bundeskanzler und Ministern u. a.

**3.** Was man weiß und was man wissen sollte! Ergänze den Text: **kommunale – Staat – unterste – Bundesländern – Bürgermeister – große – Senat – Stadtstaaten – Bremen – Deutschland – Ministerpräsidenten – Bundesregierung – Landtages – Landeshauptstadt**

Die Bundesrepublik Deutschland ist politisch eingeteilt in drei Ebenen: Die Ebene des Bundes, also der Staat als Ganzes, die Ebene der Bundesländer und die Ebene der Kommunen, das sind die Städte und Gemeinden. Der ______________ Bundesrepublik Deutschland besteht aus 16 ______________. Davon sind 13 unterschiedlich ____________ Flächenländer und drei ________-__________. Die Hauptstadt von ________________ ist Berlin. Berlin ist Sitz der ____________-____________, des Bundestages und des Bundesrates. Jedes Bundesland hat eine eigene ______________. Diese ist der jeweilige Sitz des ______________ und der Landesregierung. Den Chef einer Landesregierung nennt man ______________. In den drei Stadtstaaten Hamburg, __________ und Berlin heißt die Regierung __________. Chef des Senats ist der ________________. Tausende von Städten und Gemeinden bilden die __________ politische Einheit, die ______________ Ebene.

**2.) Die Ebene der Bundesländer und Stadtstaaten:**

| Bundesland / Stadtstaat | Einwohnerzahl | Hauptstadt |
|---|---|---|
| B | | |
| B | | |
| B | | |
| B | | |
| B | | |
| H | | |
| H | | |
| M | | |
| N | | |
| N | | |
| R | ca. 4 Millionen | Mainz |
| S | | |
| S | | |
| S | | |
| S | | |
| T | | |

**4.** Ergänze die Tabelle mit Hilfe der Karte. Nutze auch einen Atlas und Nachschlagewerke.

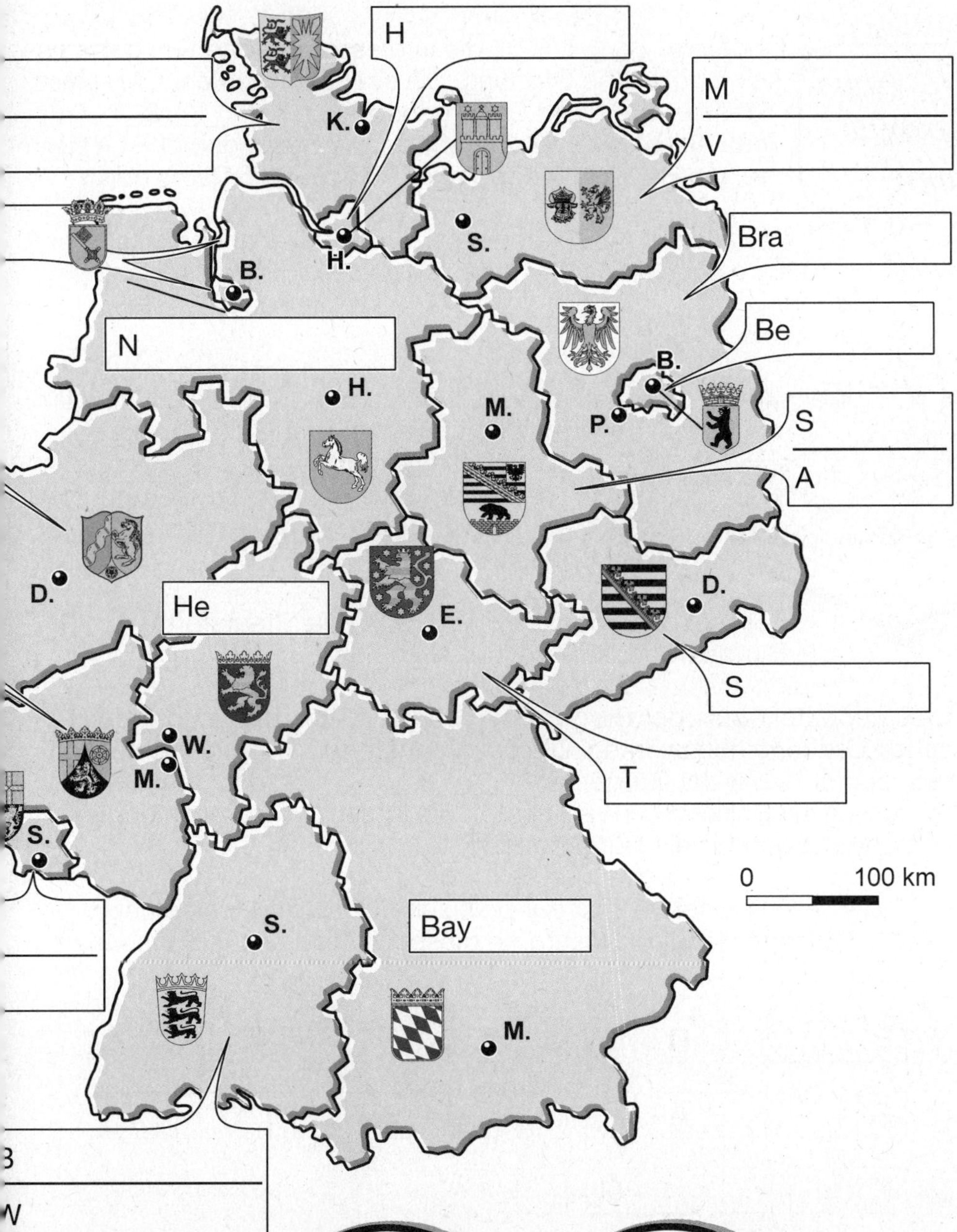


3.) Die Ebene der Stadt/ Gemeinde:

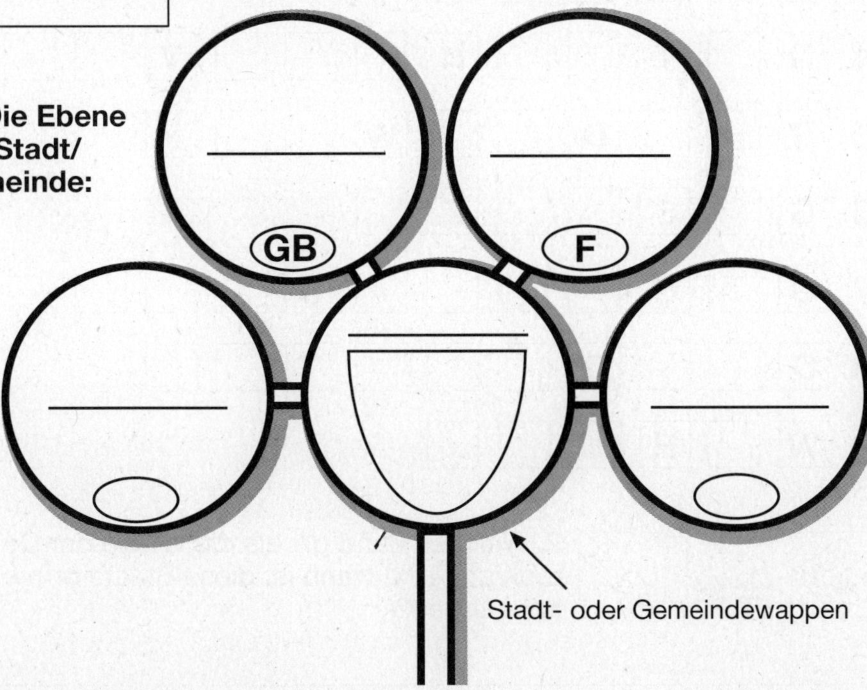


**5.** Wissenswertes zu meiner Heimatstadt/Heimatgemeinde

Name:

Bundesland:

Einwohnerzahl:

Attraktionen:

Autokennzeichen:

Nachbarstädte/Gemeinden:

Name des Bürgermeisters/ der Bürgermeisterin:

**6.** Neben dem Namen deiner Heimatstadt oder -gemeinde kannst du hier auch das Stadt- oder Gemeindewappen sowie die Namen und Wappen der Partnerstädte oder Partnergemeinden eintragen.

# Ein bisschen Ordnung gefällig?

Ohne die ____1____ , die in diesem Land leben, gäbe es keine politische Ordnung. Sie sind der wichtigste Teil eines Staates. Zu einem Staat gehört auch ein ____2____ , das nur diesem Staat gehört. Das Staatsgebiet ist unterteilt in Bundesländer, Kreise, Städte und Gemeinden.

Damit sich die Staaten schließlich voneinander unterscheiden, hat jeder Staat eigene „Symbole“. Für Deutschland sind es die ____3____ , die ____4____ und das ____5____ , der schwarze Adler.

Wenn in einem Staat jeder machen könnte, was er wollte, wäre ein Chaos unvermeidbar. Deshalb braucht jeder Staat ____6____ , die für alle Bürger gelten. Die wichtigsten „Regeln“ haben die Staaten in so genannten „Verfassungen“ aufgeschrieben. In Deutschland heißt diese Verfassung ____7____.

Dieses Grundgesetz nennt auch die Staatsform, die für die Bundesrepublik verbindlich ist: Die ____8____.

Dies bedeutet, dass der Bürger viele Möglichkeiten hat, an der politischen Ordnung mitzuwirken. Die bekannteste und wichtigste Möglichkeit ist das Recht der Bürger, an ____9____ teilzunehmen. Gewählt werden Politiker (Abgeordnete), die in den „Volksvertretungen“ Entscheidungen für die Bürger treffen.

In fast allen Politikbüchern gibt es das Thema: **„Die politische Ordnung der Bundesrepublik Deutschland.“** Damit ist nicht gemeint, dass alles „in Ordnung“ ist. Auch sind nicht nur die Regeln gemeint, die es in einem Staat geben muss. So sind Regeln beispielsweise in der Schulordnung oder Hausordnung festgehalten.
Um die politische Ordnung zu verstehen müssen folgende Fragen beantwortet werden:

- Was gehört alles zur politischen Ordnung der Bundesrepublik?
- Wie funktioniert die politische Ordnung? Welche Regeln gibt es dafür?
- Wer trifft politische Entscheidungen für die Bürger?
- Wie kann ich in der Politik mitmachen?

**Fit für Politik?**
**Information geht vor!**
Wie und wo kann ich etwas über die politische Ordnung erfahren? Wie und wo kann ich mich informieren?
Im Heft findest du Internettipps, die dir weitergehende Informationen zur politischen Ordnung in Deutschland bieten.

**1.** Alle Neune! Im Text zur politischen Ordnung fehlen neun wichtige Begriffe. Bestimme diese mit Hilfe der Textaussagen!

| | | | | | | | | | | | | | |
|---|---|---|---|---|---|---|---|---|---|---|---|---|---|
| 1 | B | | | R | | | | | | | | | Ü=UE |
| 2 | S | | | A | | | | | | I | | T | |
| 3 | F | | | | G | | | | | | | | |
| 4 | N | | T | | | N | | | | Y | | | |
| 5 | B | | | D | | | W | | | P | | | |
| 6 | G | | S | | | Z | | | | | | | |
| 7 | G | | U | | | | | S | | | | | |
| 8 | D | | | O | | | | T | | | | | |
| 9 | W | | H | | | | | | | | | | |

**2.** Welches Land gilt als die Wiege der Demokratie und wann ist diese Staatsform etwa entstanden?

Parlamente

Gerichte

Menschen

## Die politische Ordnung braucht ...

Parteien

Medien

Regierungen

**4.** Wie ist deine Meinung zu dieser Aussage?

______________________________

______________________________

______________________________

______________________________

______________________________

______________________________

______________________________

**3.** Vervollständige den jeweiligen Satzanfang mit einem der oben aufgeführten Begriffe:

- ____________, die geeignete Personen aufstellen
- ____________, die sich für diesen Staat engagieren und sich in der Politik beteiligen.
- ____________, die z. B. über Gesetze abstimmen
- ____________, die Entscheidungen ausführen
- ____________, die Regeln und Entscheidungen überwachen
- ____________, (Presse, Funk, Fernsehen und Internet), die über die Politik informieren.

Unser Staat, die Bundesrepublik Deutschland, hat eine bestimmte politische Ordnung. Sie ist im Grundgesetz ausführlich beschrieben. Sie besteht aus vielen einzelnen Teilen, die zusammengehören und ineinander greifen müssen. Aber sie kann auf Dauer nur funktionieren, wenn die Bürger die politische Ordnung unterstützen und mitmachen!


OKTOPUS Deutschland – deine Ordnung, ISBN 3-623-20714-4

## Grundgesetz für die Bundesrepublik Deutschland

Im Grundgesetz (abgekürzt: GG) kann ich zwei Dinge nachlesen:

1. Es nennt die Rechte des Bürgers im Staat. Diese Rechte gelten für alle und werden „Grundrechte" oder „Menschenrechte" genannt.
2. Es legt fest, wie der Staat funktionieren soll, z. B. wie oft Wahlen stattfinden, wer wählen darf, wer das Land regiert usw.

Dazu ist das Grundgesetz in Artikel, Absätze und Sätze eingeteilt, damit du die entsprechenden Texte sofort finden kannst. Insgesamt hat das Grundgesetz 146 Artikel.

**Merke dir den Artikel 20!**
Der wichtigste Artikel im Grundgesetz ist der Artikel 20. Er wird auch „Grundgesetz im Grundgesetz" genannt, weil er die wichtigsten Aussagen in einem Satz zusammenfasst:

**Artikel 20 (1):**
„Die Bundesrepublik Deutschland ist ein sozialer und demokratischer Bundesstaat."

**Artikel 20 (3):**
„Die Gesetzgebung ist an die verfassungsmäßige Ordnung, ... die Rechtsprechung ... an Gesetz und Recht gebunden."

**1.** Keine Panik! Du brauchst nicht alle 146 Artikel des GG zu lernen. Damit du aber zumindest die wichtigsten kennen lernst, besorge dir ein Grundgesetz. Du kannst es kostenlos bekommen, wenn du eine Karte mit dem Satz:

**2. Das Grundgesetz (Artikel 1 – 19)**
In diesem Teil des GG stehen die sog. „Grundrechte", die für alle Bürger des Landes gelten. Lies diese Grundrechte und suche den Artikel heraus, der etwas zu den folgenden Fällen aussagt:

1. Ein Lehrer verprügelt einen Schüler, der immer wieder den Unterricht stört.
   Artikel: ____________________
2. Eine Frau verdient für die gleiche Arbeit weniger als ein Mann.
   Artikel: ____________________
3. Die Telefongesellschaft hört deine Telefongespräche ab, weil es dabei so lustig zugeht.
   Artikel: ____________________
4. Der Chef verbietet seinem Mitarbeiter, die Zeitung der Gewerkschaft zu lesen.
   Artikel: ____________________
5. Deine Eltern wollen dich zwingen, einen Beruf zu lernen, den du nicht magst.
   Artikel: ____________________
6. Eine Frau wird bei einer Bewerbung abgelehnt, weil sie verheiratet ist.
   Artikel: ____________________
7. Ein Junge will nicht zur Bundeswehr gehen, weil sein Gewissen den Dienst an der Waffe ablehnt.
   Artikel: ____________________


OKTOPUS Deutschland – deine Ordnung, ISBN 3-623-20714-4

„Bitte schicken Sie mir ein Grundgesetz zu“ an die Bundeszentrale für politische Bildung, Postfach 2325, 53113 Bonn schickst!
Finde heraus, wie du über das Internet oder per E-Mail das GG bestellen kannst.

### 3. Das Grundgesetz (Artikel 20 – 144)

In diesem Teil des GG stehen Artikel, die vorgeben, wie der Staat funktionieren soll. Schau dir das Inhaltsverzeichnis des GG an und suche den Artikel heraus, der die folgenden Fragen beantwortet:

8. Welche Farbe hat die Bundesflagge der Bundesrepublik?
   Artikel: ____________________

9. Wer ist für die Wahl des Bundestages wahlberechtigt?
   Artikel: ____________________

10. Wie lange dauert die Wahlperiode für den Deutschen Bundestag?
    Artikel: ____________________

11. Wie setzt sich die Bundesregierung zusammen?
    Artikel: ____________________

12. Wer wählt den Bundeskanzler der Bundesrepublik?
    Artikel: ____________________

13. Wer hat in Friedenszeiten die Befehlsgewalt über die Bundeswehr?
    Artikel: ____________________

14. Wie kann das Grundgesetz geändert werden?
    Artikel: ____________________

In den Artikeln des Grundgesetzes werden Aussagen darüber gemacht, was Deutschland sein soll, nämlich:

1. ein **Sozialstaat**:
Der Staat muss Menschen helfen, die in einer Notlage sind, z. B. durch Sozialhilfe. Er muss für soziale Gerechtigkeit sorgen.

2. ein **demokratischer Staat**:
Der Bürger entscheidet durch die Wahl, wer den Staat regiert. Das Volk übt durch Wahlen die Staatsgewalt aus.

3. ein **Bundesstaat**:
Um die Macht im Staat zu verteilen, gibt es in Deutschland die Bundesländer bzw. Stadtstaaten mit eigenen Regierungen, eigenen Parlamenten und eigenen Verfassungen.

4. ein **Rechtsstaat**:
Jeder in diesem Staat muss sich an die Gesetze halten. Jeder Bürger hat das Recht, vor Gericht zu klagen, auch gegen Entscheidungen des Staates. Auch Entscheidungen eines Richters kann der Bürger überprüfen lassen.

## Grundgesetzfragen

**4.** Schlage die folgenden Artikel im Grundgesetz (GG) nach. Notiere, was sie aussagen:
Artikel 1 (1), Art. 2 (2), Artikel 3 (3), Artikel 12 (1), Artikel 22, Artikel 38 (1), Artikel 39 (1), Artikel 70 (1), Artikel 79 (1), Artikel 20 (1, 2), Artikel 97 (1).
Beachte: Die Zahl in Klammern gibt den jeweiligen Absatz an!

**5.** Vervollständige die folgenden Sätze mit den Wörtern des Grundgesetzes:

– Männer und Frauen ____________________

– Jeder hat das Recht auf ____________________

– Die Wohnung ist ____________________

– Eigentum ____________________

– Politisch Verfolgte genießen ____________________

# Bundestag und Bundesrat: Von Bonn nach Berlin

Nach der Wiedervereinigung Deutschlands und Berlins wurde im Deutschen Bundestag der Beschluss gefasst, die frühere Hauptstadt wieder zur neuen zu machen. 1999 war es dann soweit. Der Deutsche Bundestag zog von Bonn nach Berlin um. Ein Jahr später folgte der Bundesrat.

**2.** Berechne die Entfernung von deinem Wohnort nach Berlin und trage die Strecke in das Schild ein, das der Bundesadler hält.

**Extra, Extra**

**3.** Erstelle zur Hauptstadt Berlin einen Stadtsteckbrief.
Es gibt dazu eine Fülle von Berlin-Literatur, Aktuelles im Internet (www.berlin.de) und natürlich ein Oktopus-Spezial „Berlin, Hauptstadt von Deutschland“ (ISBN 3-623-20709-8).

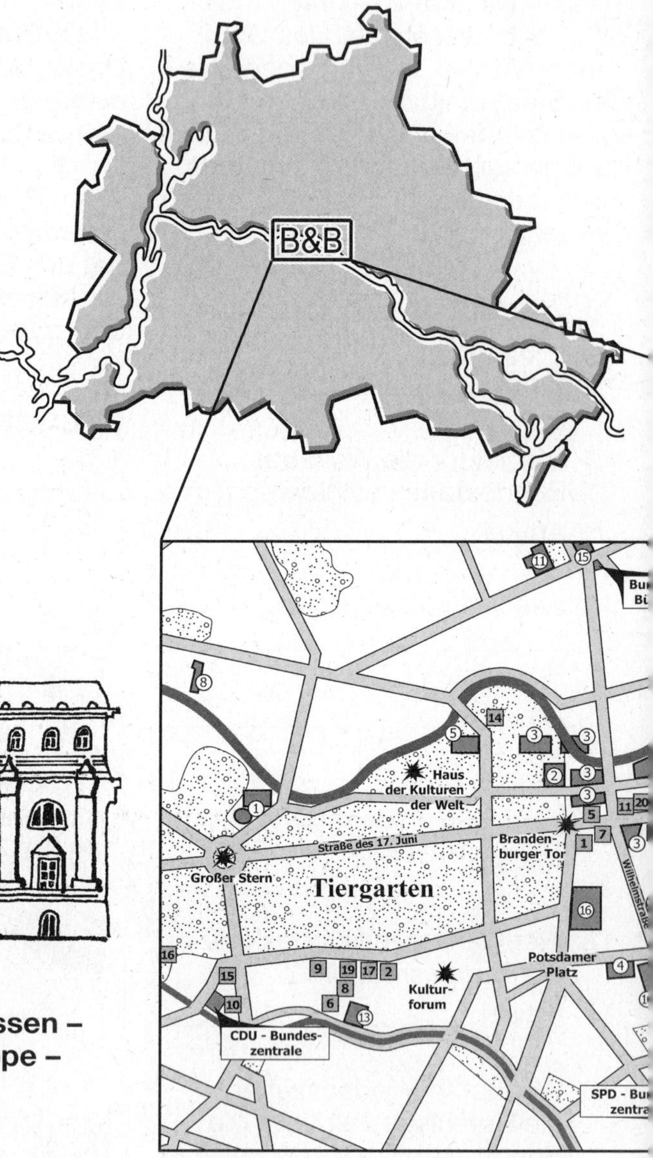

**1.** Vervollständige den Text:
**Volk – Ordnung – Abgeordneten – Vertreter – Gewissen – Staat – Reichstagsgebäude – Plenarsaal – Glaskuppe – Fraktion**

**Der Bundestag – Was ist das?**

Zentrum des neuen Regierungsviertels an der Spree ist das ________. Es wurde von 1996–1999 renoviert und nach Plänen des Architekten Sir Norman Foster mit einer attraktiven ____________ versehen. Im Inneren befindet sich ein neuer ____________. Hier tagt seit 1999 unsere Volksvertretung, der Deutsche Bundestag. Er ist das Herzstück der Demokratie. Er wird vom ______ direkt gewählt und hat daher eine besondere Stellung in der politischen ____________ der Bundesrepublik. Er besteht aus den ____________ der Parteien, die ____________ des ganzen Volkes sind. Bei ihren Entscheidungen sind sie nur ihrem __________ unterworfen, aber natürlich spielt auch die Meinung ihrer ____________ eine Rolle. Die Abgeordneten sind Berufspolitiker, d. h. sie werden vom ________ für ihre Tätigkeit bezahlt („Diäten“).

1 Amtssitz des Bundespräsidenten, Schloss Bellevue, Bundespräsidialamt
2 Deutscher Bundestag, Reichstagsgebäude
3 Deutscher Bundestag, Sitzungssäle, Fraktionen, Abgeordnetenbüros
4 Bundesrat
5 Bundeskanzleramt
6 Presse- und Informationsamt
7 Auswärtiges Amt
8 Bundesministerium des Innern
9 Bundesministerium der Justiz

## Was ist der Bundesrat?

Neben dem Bundestag gibt es noch ein zweites Parlament, den Bundesrat. Seine Bedeutung ist aber nicht so groß wie die des Bundestages. Der Bundesrat ist die Vertretung der Bundesländer beim Bund. Damit soll gezeigt werden, dass die Macht in Deutschland auf mehrere Schultern verteilt ist.
Der Bundesrat vertritt die Interessen der Länder.

**Was macht der Bundesrat?**
Durch ihn können sich die Länder an der Gesetzgebung beteiligen. Dies geht aber nicht bei allen Gesetzen. Bei manchen ist nur der Bundestag zuständig, bei andern muss auch der Bundesrat zustimmen. Da in den einzelnen Bundesländern andere Parteien in der Regierung sein können als im Bundestag, kann es durchaus sein, dass der Bundesrat bestimmte Gesetze ablehnt.

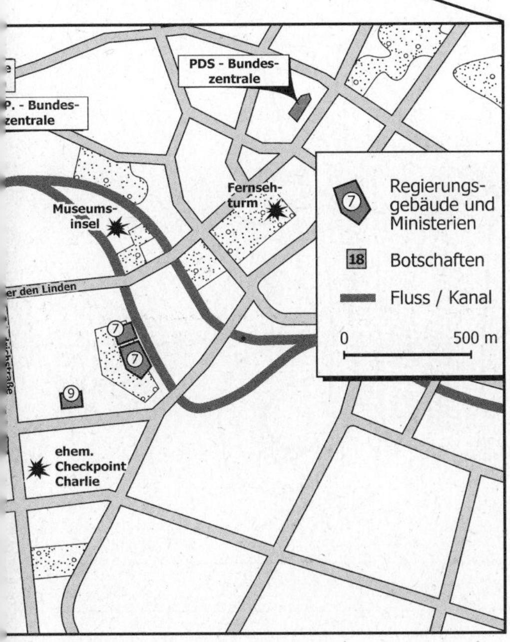


10 Bundesministerium der Finanzen
11 Bundesministerium für Wirtschaft
12 Bundesministerium für Arbeit und Sozialordnung
13 Bundesministerium für Verteidigung
14 Bundesministerium für Familie, Frauen und Jugend
15 Bundesministerium für Verkehr
16 Vertretungen der Bundesländer

**Parteizentralen**
SPD CDU/CSU PDS
FDP Bündnisgrüne

**Wie wird der Bundesrat gebildet?**
Je nach der Zahl ihrer Einwohner, haben die Länder Stimmen im Bundesrat. Jedes Bundesland hat mindestens drei Stimmen, größere Länder haben bis zu sechs Stimmen.
Insgesamt hat der Bundesrat 69 Mitglieder.

**Woraus besteht der Bundestag?**
Der Bundestag besteht aus verschiedenen Fraktionen. Das sind die Abgeordneten einer Partei. Sie organisieren und steuern die Arbeit im Bundestag. Dabei muss man zwischen den Fraktionen unterscheiden, die den Bundeskanzler gewählt haben und ihn unterstützen (Mehrheitsfraktionen) und denen, die gegen den Kanzler sind. Sie möchten am liebsten einen anderen Kanzler haben, es fehlt ihnen aber eine Mehrheit. Diese Fraktionen nennt man „Opposition".

**4.** Informiere dich über die derzeitige Stimmenverteilung der Bundesländer im Bundesrat und fülle die Tabelle aus. www.bundesrat.de

**Sitzverteilung im Bundesrat:**
(Stand: __________)

| Bundesland | Stimmen |
|---|---|
| Baden-Württemberg | |
| Bayern | |
| Berlin | |
| Brandenburg | |
| Bremen | |
| Hamburg | |
| Hessen | |
| Mecklenburg-Vorpommern | |
| Niedersachsen | |
| Nordrhein-Westfalen | |
| Rheinland-Pfalz | |
| Saarland | |
| Sachsen | |
| Sachsen-Anhalt | |
| Schleswig-Holstein | |
| Thüringen | |

**5.** Erkundige dich, welche Person aus deinem Heimatkreis Abgeordnete/-r im Deutschen Bundestag ist? (www.bundestag.de)

## Was sind die wichtigsten Aufgaben des Bundestages?

**Die Wahl des Bundeskanzlers**
Der Bundestag wählt den Bundeskanzler mit Mehrheit. Er kann dem Bundeskanzler aber auch das Vertrauen entziehen, wenn er wiederum mit Mehrheit einen „neuen" wählt.
**Gesetzgebung**
Der Bundestag hat das Recht, über Gesetze abzustimmen.
**Kontrolle der Regierung**
Die Opposition versteht sich als die „bessere" Regierung, die darauf wartet, bei der nächsten Wahl selbst eine Mehrheit zu bekommen. In der Zwischenzeit versucht sie, der Regierung „das Leben schwer" zu machen. Sie kontrolliert und kritisiert die Arbeit der Regierung.

# Zeichen der Demokratie: Die politische Karikatur

**Die politische Karikatur ...** gehört selbstverständlich auch zum Wesen der Demokratie und zur politischen Ordnung in unserem Land. In der politischen Karikatur werden bevorzugt politische Sachverhalte (aktuelle innenpolitische oder international wichtige politische Themen) häufig aber auch Politiker selbst in meist komisch-humoriger, bisweilen auch in „giftig-bissiger“ Weise karikiert, d.h. „überzeichnet“ (aus dem Lateinischen caricare: überzeichnen). Manche politischen Karikaturisten – wie hier der allseits beliebte Horst Haitzinger – sind mit ihren Karikaturen oft bekannter als mancher Politiker.

**1.** Werte die oben abgebildete politische Karikatur mit Hilfe dieser Leitfragen aus!

Was kennzeichnet die Abbildung als Karikatur?

Was wird dargestellt?

Welche Situation stellt die Karikatur dar?

Welchen Zustand will der Zeichner (Karikaturist) verdeutlichen?

Soll die Karikatur belehren, nachdenklich machen, Spott ausüben ...?

Gib der Karikatur einen Titel!

**2.** Klebe an die Stelle des Oktopus eine andere politische Karrikatur, in der ein politisches Thema zu Deutschland dargestellt wird und werte sie aus.


OKTOPUS Deutschland – deine Ordnung, ISBN 3-623-20714-4

# Deutsche Jahre: 1949 bis heute

**1.** Ergänze die Stationen mit weiteren wichtigen Ereignissen aus Deutschland in den Folgejahren.

Die Bundesrepublik Deutschland feierte im Jahr 1999 ihren 50. Geburtstag. Einige Stationen auf dem Weg bis dorthin:

**1949:**
Gründung der Bundesrepublik Deutschland am 23. Mai.
Gründung der DDR am 7. Oktober.

**1953:**
Aufstand in der DDR am 17. Juni.

**1955:**
Deutschland tritt der NATO, die DDR dem Warschauer Pakt bei.

**1961:**
Bau der Berliner Mauer:
Die Hauptstadt wird geteilt.

**1972:**
Vertrag zwischen der Bundesrepublik und der DDR.

**1973:**
Eintritt beider Teile Deutschlands in die Vereinten Nationen.

**1989:**
Fall der Mauer in Berlin.

**1990:**
Beitritt der neuen Bundesländer: Einheit Deutschlands am 3. Oktober.

**1999:**
Einführung des Euro als gemeinsame europäische Währung.

**2002:**
Das Eurogeld (Scheine und Münzen) löst die DM als gesetzliches Zahlungsmittel ab.

**2005:**
Mit Angela Merkel (CDU) wird erstmals in der Geschichte der Bundesrepublik eine Frau zur Bundeskanzlerin gewählt.

**2.** Welches Gebäude ist das in Berlin?

**3.** Seit wann ist das Durchqueren möglich und warum ging es lange nicht?



OKTOPUS Deutschland – deine Ordnung, ISBN 3-623-20714-4

# Präsident und Kanzler: Menschen mit Macht

**1.** Suche die Namen der folgenden Minister, die zurzeit auf der Regierungsbank sitzen.

**Die Bundesregierung**
Die Bundesregierung besteht aus Bundeskanzler und Ministern. Er ist der wichtigste Politiker der Bundesrepublik, weil er nach dem Grundgesetz die Richtlinien der Politik bestimmt. Die Minister sind für jeweils ein Arbeitsgebiet zuständig.

**Bundeskanzler/Bundeskanzlerin:**

______________________________

**2.** Erkundige dich nach den Namen der bisherigen acht **Bundeskanzler** der Bundesrepublik Deutschland (Lexikon, Internet).

1949–1963:

______________________________

1963–1966:

______________________________

1966–1969:

______________________________

1969–1974:

______________________________

1974–1982:

______________________________

1982–1998:

______________________________

1998–2005:

______________________________

2005–

______________________________

**www.bundeskanzlerin.de**
**www.bundesregierung.de**
**www.bundespraesident.de**

## Die Bundesregierung regiert uns

**Welche Aufgaben hat die Bundesregierung?**
Die Bundesregierung hat die Aufgabe, den Willen der Mehrheit des Volkes im Bundestag politisch umzusetzen. Oder anders gesagt: Sie führt die Politik des Staates sichtbar für alle aus.

**Woraus besteht die Bundesregierung?**
An der Spitze steht der Bundeskanzler, der einflussreichste Politiker in Deutschland. Er bestimmt die Richtlinien der Politik (Artikel 63 Grundgesetz) und trägt dafür die Verantwortung. Zur Regierung gehören auch die Minister, die für jeweils einen Bereich zuständig sind. Der Kanzler allein hat das Recht, sich seine Minister auszusuchen und sie auch zu entlassen. Wenn auch die Minister anderer Meinung sind als der Kanzler, kann der Kanzler im Kabinett (das ist die Versammlung aller Minister) nicht überstimmt werden.

**Wie arbeitet die Bundesregierung?**
Der Bundeskanzler hat neben den Ministern noch viele Mitarbeiter, die ihn über die politische Lage unterrichten, seine Reden schreiben, Kontakt mit Parteien und Behörden halten und die Bürger über die Politik der Regierung informieren. Sie arbeiten im Bundeskanzleramt, das seit Sommer 1999 in Berlin ist.
Die Minister, ihre genaue Zahl ist nicht festgelegt, sind für ihren Bereich verantwortlich. Die wichtigsten Minister sind die für Inneres, Äußeres, Verteidigung, Finanzen und Justiz, aber auch andere Ministerien haben wichtige Aufgaben wie z. B. Wirtschaft, Arbeit und Soziales, Umwelt, Bildung usw. Die größere Regierungspartei stellt dabei die meisten Minister, für den kleineren Partner gibt es meist drei oder vier Ministerposten.

## Was macht der Bundespräsident da oben?

Der Bundespräsident ist zwar das Staatsoberhaupt und damit der „höchste" Politiker in Deutschland, hat aber weniger politischen Einfluss als der Kanzler. Seine wichtigste Aufgabe ist daher, die Bundesrepublik zu „repräsentieren". Das bedeutet, dass er zu Staatsbesuchen ins Ausland fährt, viele Reden bei wichtigen Anlässen hält, Staatsgäste feierlich empfängt und Verträge mit anderen Staaten im Namen der Bundesrepublik unterschreibt. Der Bundespräsident soll Staatsoberhaupt aller Bürger sein und unabhängig und überparteilich arbeiten.

**3.** Wo befindet sich und wie heißt der Amtssitz des Bundespräsidenten (informiere dich auf der Karte Seite 10/11)?

______________________________

______________________________

______________________________

**4.** Klebe hier ein Zeitungsfoto des Bundespräsidenten ein. Auch auf Briefmarken finden sich die „Köpfe" der Bundespräsidenten. Ergänze!

**5. Für Spezialisten**

Einer unserer Bundespräsidenten war ein guter Sänger und stand mit einem Lied hoch in den Hitparaden. Welcher Präsident war es und wie hieß sein Hit ?

______________________________

______________________________

**6.** Häufig sind Straßen, Plätze und Schulen nach den Präsidenten benannt. Kennst du welche?

______________________________

______________________________

______________________________

______________________________

## Wie wird er gewählt?

Der Bundespräsident wird von der so genannten „Bundesversammlung" gewählt. Sie ist kaum bekannt, da sie nur diese eine Aufgabe hat und sich nur alle fünf Jahre zu diesem Anlass trifft. Die Bundesversammlung hat über 1000 Mitglieder, da ihr alle Abgeordneten des Bundestages sowie die gleiche Zahl von Politikern angehören, die von den Ländern kommen. Wählbar ist jeder Deutsche, der mindestens 40 Jahre alt ist. Der Bundespräsident kann nur einmal wiedergewählt werden. Aufgestellt werden meist erfahrene Politiker, die über Parteigrenzen hinweg beliebt sind oder respektiert werden.

**7.** Verbinde die richtigen Vornamen mit den Nachnamen der bisherigen neun **Bundespräsidenten.**

| | |
|---|---|
| Heinrich | Heuss (FDP) |
| Roman | Lübke (CDU) |
| Karl | Heinemann (SPD) |
| Gustav | Scheel (FDP) |
| Theodor | Carstens (CDU) |
| Johannes | von Weizsäcker CDU) |
| Horst | Herzog (CDU) |
| Richard | Rau (SPD) |
| Walter | Köhler (CDU) |



OKTOPUS Deutschland – deine Ordnung, ISBN 3-623-20714-4

# Demokratie: Ohne Parteien läuft nichts

Die Jugendlichen haben es richtig erkannt. Ohne Parteien läuft „in der Politik" so gut wie nichts. Wer in der Politik „mitmischen" will, muss praktisch in eine Partei eintreten. Es gibt zwar auch andere Gruppen wie Bürgerinitiativen und Wählergruppen, sie haben aber weit weniger politischen Einfluss.

Jeder Deutsche hat das Recht, eine eigene Partei zu gründen. Eine Partei kann nur dann verboten werden, wenn sie klar sagt, dass sie die Demokratie der Bundesrepublik abschaffen will.

**Parteien haben Aufgaben in der Demokratie. Hier die wichtigsten:**

- Sie sollen die politischen Meinungen in der Bevölkerung aufnehmen.
- Sie sollen an Wahlen teilnehmen, indem sie Kandidaten aufstellen.
- Sie bieten interessierten Bürgern an, sich an der Politik zu beteiligen.
- Sie sollen die Regierung bilden und dafür Politiker aussuchen, die dazu geeignet sind.
- Sie sollen dem Bürger unterschiedliche Angebote machen, wie sie politische Probleme lösen wollen (z. B. Arbeitslosigkeit beseitigen usw.).
- Sie sollen den Bürger über Politik informieren.

## www.parteien.de – W-Fragen zu den Parteien

**Wie komme ich in eine Partei?**
In eine Partei kann ich eintreten, wie ich auch Mitglied in einem Verein werde. Ich sollte die Ziele der Partei unterstützen und bereit sein, im Rahmen meiner Möglichkeiten mitzuarbeiten. Ich muss einen Antrag auf Mitgliedschaft stellen. Wenn ich Mitglied bin, muss ich einen monatlichen Beitrag zahlen und erhalte dafür regelmäßige Informationen. Die Parteien laden ihre Mitglieder zu Versammlungen, aber auch Festen und Ausflügen ein. Für Jugendliche haben einige Parteien eigene „Vereine", z. B. die „Junge Union" für die CDU und die „Jungsozialisten" für die SPD. Ziel jeder Partei ist es, möglichst viele Mitglieder zu haben. Die großen Parteien CDU und SPD haben jeweils knapp 600000 Mitglieder.

**Wie ist eine Partei aufgebaut?**
In den Parteien gibt es verschiedene „Untergliederungen", z. B. auf Bundes-, Landes-, Kreis- und Ortsebene. Die jeweiligen Vorstände müssen von den Mitgliedern für eine bestimmte Zeit gewählt werden.

**Wo kann ich mich informieren?**
Die Zentralen der Parteien sind inzwischen fast alle von Bonn nach Berlin in neue Gebäude umgezogen (siehe Seiten 10/11).

**Wie heißen die Parteien?**

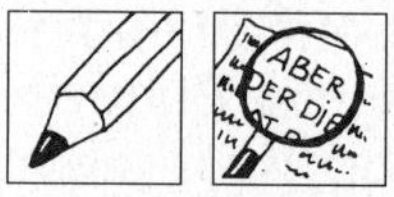


**1.** Im Bundestag sind derzeit sechs Parteien vertreten. Was bedeuten die Abkürzungen? Ergänze die ausführlichen Namen:

SPD: ______________________

CDU: ______________________

CSU: ______________________

B90/Grüne: ________________

FDP: ______________________

Fraktion. Die Linke:

______________________________

**Infos im Internet:**
www.spd.de
www.cdu.de
www.csu.de
www.gruene.de
www.fdp.de
www.pds-berlin.de/
http://sozialisten.de


OKTOPUS Deutschland – deine Ordnung, ISBN 3-623-20714-4

### Wahlkampf – oder „Wie gewinne ich die Wähler"?

Im Wahlkampf setzen die Parteien verschiedene Mittel ein, um die Stimmen der Wähler zu gewinnen. Werbeagenturen planen die Wahlkämpfe der Parteien. Wahlkampfmittel wie Fernsehen, Rundfunk, Wahlversammlungen, Zeitungsinserate, Plakate, Wurf- und Briefsendungen und auch Web-Seiten im Internet werden dafür eingesetzt. Wichtig ist für jede Partei, dass sie für den Wahlkampf so etwas wie ein „Schlagwort" herausbringt: einen Wahlslogan: Er muss einfach zu verstehen, leicht einprägsam sein und für die Wähler einen gewissen Anreiz haben, gerade diese Partei zu wählen. Zum Wahlkampf gehört die öffentliche Selbstdarstellung der Parteien. „Wahlkampfstrategie" heißt das Schlagwort in diesem Zusammenhang. Das Wort „Strategie" kommt aus dem militärischen Bereich und bedeutet soviel wie: planvoller Einsatz von Truppen und Material. Wahlkampfstrategie bedeutet daher letztlich nichts anderes als eine geplante politische Aktion, um eine Partei möglichst vorteilhaft „zu verkaufen". Dazu dienen heute oft weniger ihre Programme oder sachliche Argumente, sondern ihre Spitzenkandidatinnen und -kandidaten. Manchmal hat man den Eindruck: Wichtiger als das Programm ist die Person. Sie muss sympathisch und ehrlich wirken, wenn sie beim Wähler „ankommen" will.

Neben den Kandidaten sind aber auch die politischen Themen wichtig. Durch Umfragen vor einer Wahl können die Parteien herausfinden, welche politischen Probleme die Wähler zurzeit am meisten interessieren. Im Wahlkampf bietet die Partei den Wählern dann ihre Lösung für diese Probleme an mit dem Ziel, die Stimmen möglichst vieler Wähler zu bekommen.

**2.** Unterstreiche im Text die wichtigsten Wahlkampfmittel und schreibe sie auf:

______________________________

______________________________

______________________________

______________________________

______________________________

______________________________

______________________________

**3.** Was meinst du: Welches Mittel ist am besten geeignet, den Wähler zu überzeugen? Begründe!

______________________________

______________________________

______________________________

______________________________

______________________________

______________________________

______________________________

**4.** Erstelle ein Plakat für deine Partei.

### Eigene Plakate gestalten

Werbeplakate zu gestalten gibt's genug: Schulfeste, Ausstellungen oder Tage der offenen Tür. Wenn ihr eigene Plakate entwerfen und herstellen wollt, helfen euch folgende Arbeitsschritte.

**1. Schritt: Thema finden**
Der Anlass bestimmt das Thema des Plakates: Worüber soll informiert, wofür soll geworben werden? Geht es um ein allgemeines, ein schulisches oder eher um ein politisches Thema?

**2. Schritt: Sammeln**
Sammelt Stichworte zu dem Thema. Welche Inhalte soll das Plakat „vermitteln"? Welche Bilder oder Redensarten verbindet ihr mit diesen Inhalten?

**3. Schritt: Slogan, Schrift, Bildtechnik**
Formuliert einen kurzen Text (Slogan) für das Plakat. Wählt einen geeigneten Schrifttyp. Entscheidet euch für ein passendes Bildmedium (z.B. Fotografie, Malerei, Collage).

**4. Schritt: Skizze**
Versucht in einer ersten Skizze das Plakat nach euren Vorstellungen zu gestalten.

**5. Schritt: Ausführung, Präsentation**
Fertigt das Plakat sorgfältig nach den vorher gesammelten Ideen und Entwürfen an! Nach der Fertigstellung könnt ihr eure Ergebnisse veröffentlichen (Ausstellung, Präsentation).

# Wahl – ganz ohne Qual!

**Wahlen** – sie sind das wichtigste Mittel in der Demokratie, mit dem der Bürger mitentscheiden kann. Durch die Wahl drückt das Volk seine „Staatsgewalt“ aus, so sagt es das Grundgesetz im Artikel 20. Bei über 80 Millionen Bürgern ist es unmöglich, dass alle Bürger über politische Fragen entscheiden. Daher wählt das Volk seine Vertreter („Repräsentanten“), die dann in den Parlamenten den Willen des Volkes ausdrücken sollen. Die wichtigsten Aufgaben von Wahlen sind:

- Die Abgeordneten erhalten für eine bestimmte Zeit (meist 4 oder 5 Jahre) das Recht, das Volk zu vertreten.
- Der Bürger hat die Möglichkeit, über Personen und Parteien abzustimmen. Er kann beim nächsten Mal bestätigen, aber auch wieder abwählen.
- Wahlen sollen dafür sorgen, dass eine Regierung gebildet werden kann. Diese braucht die Mehrheit der Abgeordneten im Parlament, um handeln zu können.

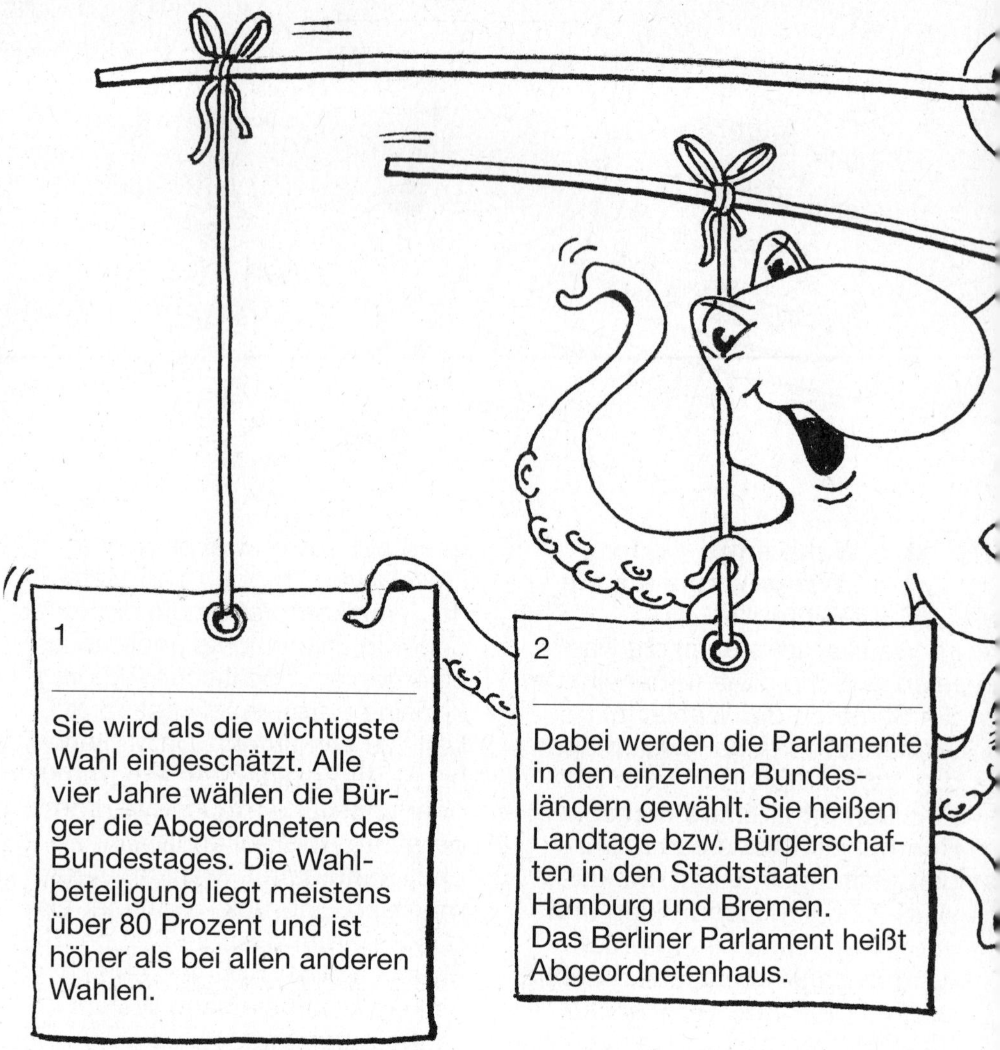


**1.** In Deutschland gibt es insgesamt vier verschiedene Wahlen: Setze diese Namen im Mobile richtig ein:

**Europawahl – Kommunalwahl – Bundestagswahl – Landtagswahl**

**Demokratie in Deutschland – Wählen auf verschiedenen Ebenen**

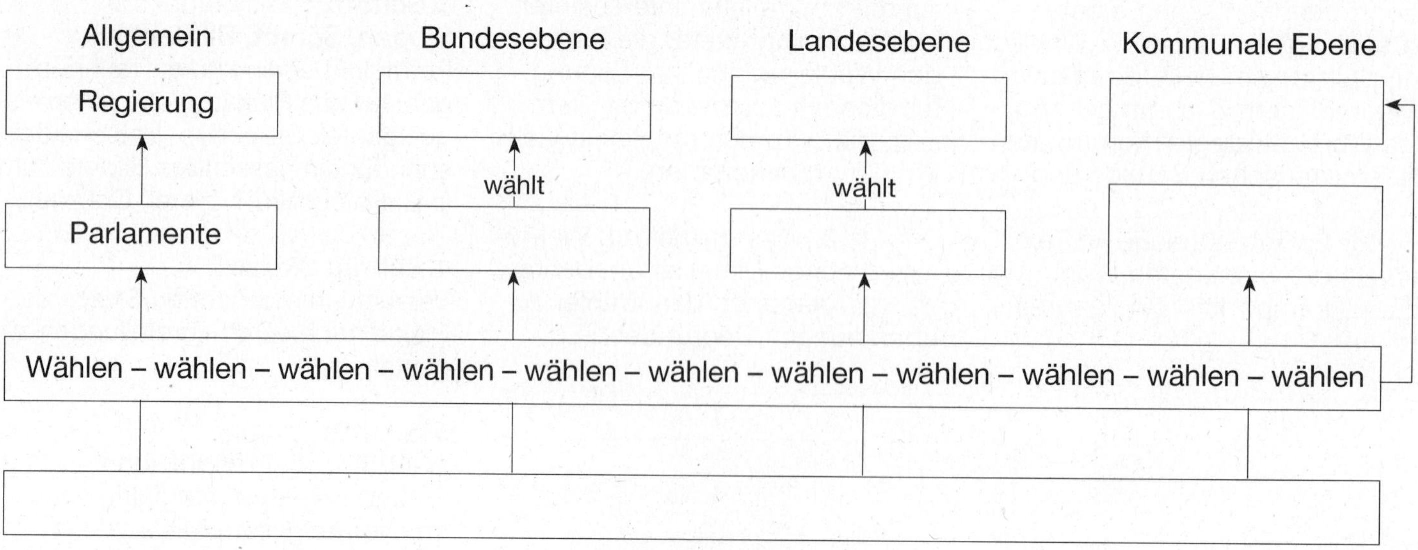


**2.** Ergänze das Wahlschema! Setze an die richtige Stelle:

**Bundeskanzlerin – Landtag – Stadtrat/ Gemeinderat – Ministerpräsident – Wahlberechtigte Bürger des Landes (über 18 Jahre alt) – Bürgermeister – Bundestag**


OKTOPUS Deutschland – deine Ordnung, ISBN 3-623-20714-4

Alle Wahlen in Deutschland finden sonntags statt. Mit Ausnahme der Europawahl kann zwischen 8 und 18 Uhr gewählt werden, dann beginnt die Auszählung der Stimmen.
**www.europaparl.de**

)abei werden die deutschen Abge-
›rdneten für das Europäische Parla-
ıent gewählt. Es ist eine Einrichtung
der Europäischen Union (EU).
Die Wahl findet alle fünf Jahre
tatt. Insgesamt 25 bzw. ab 1.1.2007
'oraussichtlich 27 Staaten Europas
›ntsenden Abgeordnete in das Euro-
›aparlament.

4

Dabei werden die Parlamente in den Städten oder Gemeinden gewählt. Sie heißen Stadtrat oder Gemeinderat. In vielen Kommunen werden auch die Bürgermeister direkt von den Einwohnern der jeweiligen Stadt oder Gemeinde gewählt. Eine solche Wahl nennt man „Urwahl".

**3.** Beschrifte in der Karte die Mitgliedstaaten der EU.

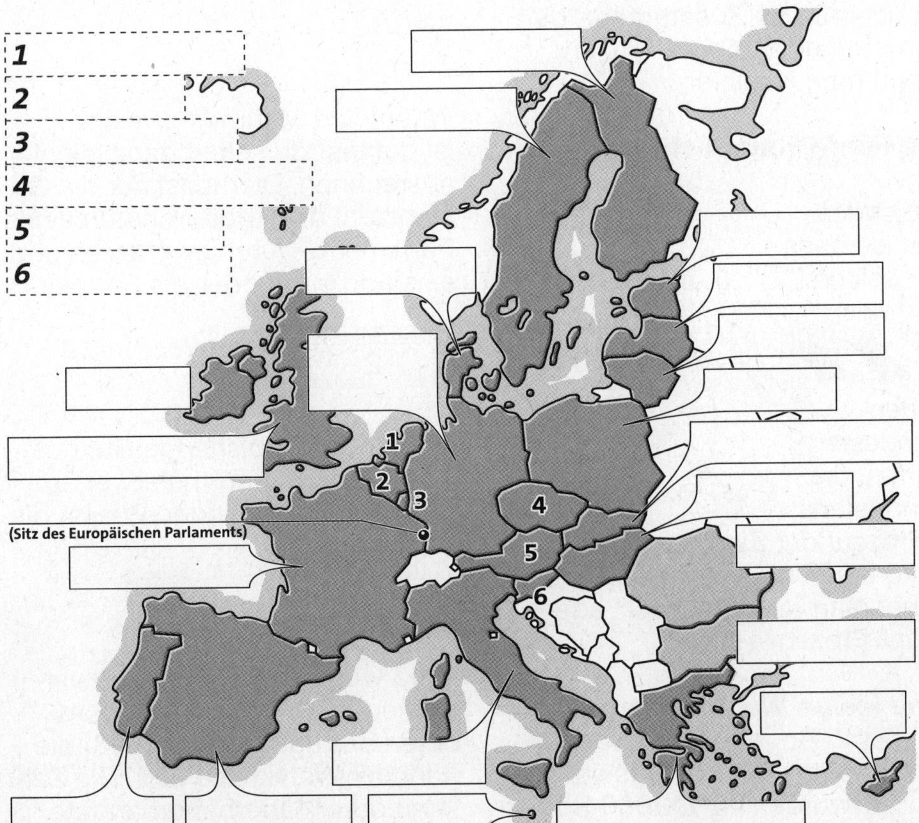


## Wahltag

### Wer darf wählen?

Wählen dürfen alle Bürger, die das 18. Lebensjahr vollendet haben und die deutsche Staatsbürgerschaft besitzen (mindestens seit einem Jahr). Bei der Bundestagswahl sind alle Deutschen wahlberechtigt, bei den Landtags- und Kommunalwahlen natürlich nur die Einwohner des jeweiligen Bundeslandes bzw. der jeweiligen Stadt oder Ortsgemeinde.
Um bei einer Wahl zum Gemeinderat mitmachen zu dürfen, muss man mindestens drei Monate in dieser Gemeinde wohnen. In jüngster Zeit wird darüber diskutiert, das Wahlalter auf 16 zu senken.

### Wer darf gewählt werden?

Wer Kandidat für eine Wahl sein will, muss ebenfalls mindestens 18 Jahre alt sein. Man kann sich aber nicht selbst aufstellen, sondern die Parteien stellen die Kandidaten auf. Es gibt aber Ausnahmen, bei denen man auch als Einzelperson bei einer Wahl antreten kann.

### Wahl – ganz ohne Qual!

Wenn ich wahlberechtigt bin, bekomme ich eine Wahlbenachrichtigung einige Wochen vor dem Wahltermin zugeschickt.

Damit gehe ich am Wahltag zum Wahllokal, meistens eine Schule.

Dort wird meine Wahlberechtigung überprüft. Dann erhalte ich den entsprechenden Stimmzettel, auf dem ich in der Wahlkabine „meinen" Kandidaten und „meine" Partei ankreuzen kann.

Dann falte ich den Zettel und stecke ihn in den Wahlumschlag, denn die Wahl muss geheim sein. Anschließend werfe ich den Umschlag in die Wahlurne.


OKTOPUS Deutschland – deine Ordnung, ISBN 3-623-20714-4

# Bundestagswahl – auf die Zweitstimme kommt es an!

**1.** Ergänze den Lückentext.

Bei der Bundestagswahl hat jeder Wahlberechtigte zwei Stimmen: sie heißen __________ und ______________. Wahlentscheidend ist nur die ________________. Denn nach dem Anteil der Parteien an den Zweitstimmen richtet sich ihr Anteil an den 598 vorgesehenen ______________. Aufgrund einiger besonderer Regeln kann sich die Zahl der Abgeordneten auch erhöhen. Diese zusätzlichen Sitze nennt man „Überhangmandate".

**Das muss ich wissen!!!**
Jeder Wahlberechtigte hat bei der Bundestagswahl zwei Stimmen. Mit der „Erststimme" wählt man einen Kandidaten, mit der „Zweitstimme" eine bestimmte Partei. Die Partei, die mit der Zweitstimme gewählt wird, kann eine andere sein, als die des Kandidaten, der die Erststimme bekommen hat. Die Zweitstimme ist wichtiger, weil sie allein über die Zahl der Abgeordneten entscheidet, die eine Partei in den Bundestag schicken darf. Aus der Zahl der Zweitstimmen wird die Zahl der Abgeordneten errechnet. Eine solche Wahl nennt man auch Verhältniswahl. Nach dem Auszählen der Stimmen ergibt sich die Verteilung der Abgeordneten im Bundestag. Um regieren zu können, braucht eine Partei eine Mehrheit, d. h. mehr als die Hälfte aller Abgeordneten. Da dies aber kaum eine Partei alleine schafft, sucht sie sich einen Partner, mit dem sie zusammen eine solche Mehrheit erreicht. Diese Zusammenarbeit von zwei oder mehr Parteien nennt man Koalition.

**Die Fünf-Prozent-Hürde**
Eine Besonderheit ist, dass nur solche Parteien

in den Bundestag dürfen, die mindestens 5 Prozent der Zweitstimmen bekommen haben. Diese Regel nennt man „Sperrklausel" oder „Fünf-Prozent-Hürde".

**Eine kleine Wahlmathematik!**

**2.** Angenommen, bei einer Bundestagswahl wurden 42 000 000 Stimmen gültig abgegeben. Wie viele Stimmen braucht man davon um die „Fünf-Prozent-Hürde" zu nehmen?

______________________________

Wann eine Mehrheit erreicht ist, kannst du selbst ganz leicht ausrechnen. Du musst nur die Gesamtzahl der Abgeordneten eines Parlaments durch zwei teilen und eins addieren, oder als Formel:

$$\frac{\text{Gesamtzahl}}{2} + 1$$

**3.** Der bisherige Bundestag hat normalerweise 598 Mitglieder. Wie ist die Mehrheit?

______________________________

2002 wurde der Bundestag verkleinert. Die Zahl der Abgeordneten beträgt nur noch 598, die Zahl der Wahlkreise 299. Die Zahl kann durch Überhangmandate erhöht werden.


OKTOPUS Deutschland – deine Ordnung, ISBN 3-623-20714-4

Ergebnisse der Bundestagswahl vom 18.09.2005 (Zw.=Zweitstimmen).

| Parteien | Prozent (Zw.) | Sitze | Veränderungen |
|---|---|---|---|
| CDU/CSU | 35,2 | 226 | −3,3 |
| SPD | 34,2 | 222 | −4,3 |
| FDP | 9,8 | 61 | +2,5 |
| Linke/PDS | 8,7 | 54 | +4,7 |
| B90/Grüne | 8,1 | 51 | −0,4 |
| Sonstige | 3,9 | — | — |

**4.** Welche Partei hat die meisten Stimmen bekommen?

______________________________

Welche Partei hat die Mehrheit, d. h. mehr als die Hälfte aller Sitze?

______________________________

Welche Parteien konnten aus dem Ergebnis heraus eine Regierung bilden?

______________________________

**6.** Zeichne nach dieser Tabelle ein „Kreisdiagramm, in dem du in dem Kreis die Anteile für die Parteien einträgst und farbig ausmalst!

**So gehst du vor:**
Ein Kreis hat 360°, d. h. ein Prozent (%) entspricht 3,6°. Rechne jeweils die Prozentangaben in Gradwerte um. Es ist von Vorteil, vor der Umrechnung in Gradwerte die Prozentangaben auf- oder abzurunden. Zeichne mit einem Geodreieck die Gradwerte in das Kreisdiagramm ein.

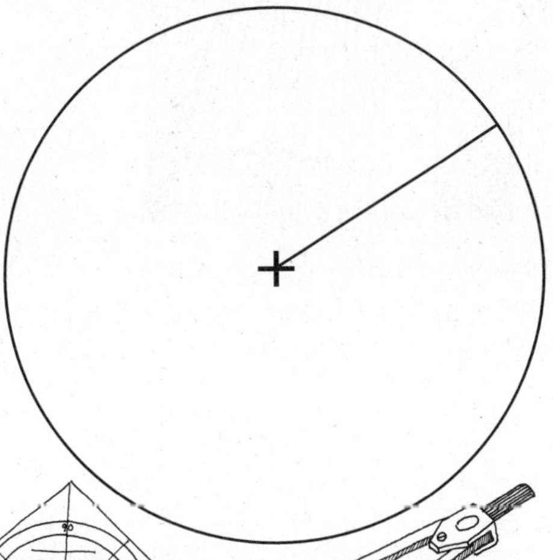

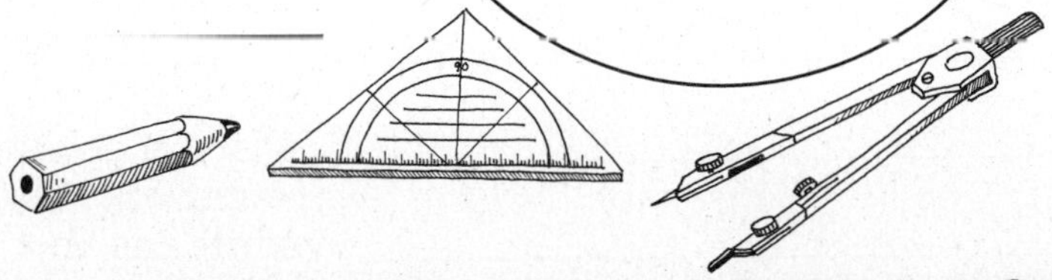

**7.** Kreuze die Wahlaufgaben an, die für die Demokratie in Deutschland zutreffen:

- ☐ Durch Wahlen erhalten die Abgeordneten die Berechtigung für ihr Handeln.
- ☐ Durch Wahlen soll erreicht werden, dass unterschiedliche Meinungen und Interessen in einem Parlament vertreten werden.
- ☐ Durch Wahlen hat der Bürger die Auswahl zwischen verschiedenen politischen Parteien.
- ☐ Durch Wahlen vergibt der Bürger an die Politiker „Herrschaft auf Zeit."
- ☐ Durch Wahlen soll es möglich werden, eine Regierungsmehrheit zu bilden.
- ☐ Durch die Bundestagswahl entscheidet der Bürger indirekt, wer Bundeskanzler wird.
- ☐ Durch Wahlen wird der Grundsatz des GG erfüllt: Alle Staatsgewalt geht vom Volke aus.

**8.** Welche der folgenden Aussagen treffen auf die Bundestagswahl bezogen zu?

- ☐ 1. Aktives Wahlrecht bedeutet: Am Wahltag muss ich aktiv sein, um wählen zu dürfen.
- ☐ 2. Das passive Wahlrecht regelt, wer am Wahlsonntag wählen darf.
- ☐ 3. Die wichtigste Bedingung für das aktive und passive Wahlrecht ist die deutsche Staatsbürgerschaft.
- ☐ 4. Deutsche, die im Ausland leben, dürfen grundsätzlich nicht an Wahlen teilnehmen.
- ☐ 5. Wer volljährig und Deutscher ist, besitzt in der Regel das aktive und passive Wahlrecht.
- ☐ 6. Briefwahl bedeutet, dass dem Bürger per Brief mitgeteilt wird, was er wählen soll.
- ☐ 7. Wer keine Lust hat, ins Wahllokal zu gehen, kann per Briefwahl wählen.
- ☐ 8. Die Briefwahl muss bei der zuständigen Gemeinde wegen besonderer Gründe beantragt werden.

Gewählt werden nicht nur der Bundestag, sondern auch die Stadt- und Gemeinderäte, die in den Kommunen bei der Politik mitwirken. Diese Wahlen heißen daher „Kommunalwahlen".

**5.** Besorge dir das Ergebnis der letzten Kommunalwahl für die Gemeinde oder Stadt, in der du lebst und trage sie in die Tabelle ein!

Die Kommunalwahl vom ________

| Partei | Prozent | Sitze |
|---|---|---|
| | | |
| | | |
| | | |

Wann ist die nächste Kommunalwahl in meiner Stadt/Gemeinde?

______________________________

Kann ich dabei schon mitwählen?

______________________________

Wie wurde der Bürgermeister/die Bürgermeisterin meiner Gemeinde/Stadt gewählt?

______________________________

Ist er/sie hauptamtlich oder ehrenamtlich tätig?

______________________________

______________________________

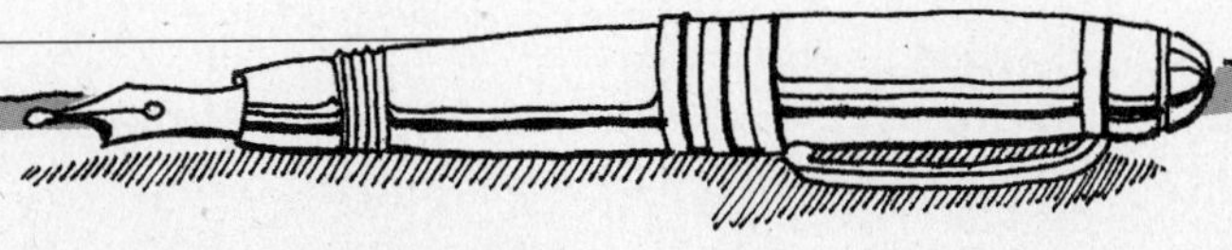

# Demokratie – Teste dich selbst

Nach vielen Jahren der Diktatur in der DDR ist heute das Brandenburger Tor ein Wahrzeichen unserer gemeinsamen Demokratie in der geeinten Hauptstadt Berlin.

**1.** In diesem Text sind einige Fehler versteckt. Streiche die falschen Wörter durch und schreibe die richtigen Wörter in die Spalte daneben.

**Die Bundesrepublik: Ein demokratischer Staat**

Die Bundeskanzlerin ist die Chefin einer Landesregierung. Sie wird vom Stadtrat für die Zeit von fünf Jahren gewählt. Sie bestimmt die Richtlinien der Politik. Zusammen mit den „Sekretären" bildet sie die Bundesregierung, die auch Bundeskabinett genannt wird. Der Bundestag als Exekutive des Landes hat die Aufgabe, den Bürgermeister zu wählen. Seine wichtigste Aufgabe ist jedoch, über Gesetze abzustimmen. Diese werden in so genannten „Vorlesungen" diskutiert, ehe es zur Abstimmung kommt. Hierbei gilt das Prinzip der Minderheit. Die Mehrheitsfraktion im Bundestag unterstützt die Regierung, die so genannte „Opposition" kritisiert und kontrolliert die Bundesregierung. Die Abgeordneten einer Partei im Bundestag nennt man auch „Legislative". Derzeit ist die FDP die stärkste Fraktion im Deutschen Bundestag.

**2.** In einer **Demokratie** muss es vier Dinge geben. Trage das passende Wort über den jeweiligen Text ein:
**Gewaltenteilung – Parlament – Grundrechte – Freie Wahlen**

1. ____________________

Jeder Deutsche kann daran teilnehmen, muss aber nicht. Er hat die Wahl unter mehreren Parteien. Sie finden in regelmäßigen Abständen statt.

2. ____________________

Die Regierung führt die Politik aus, über Gesetze beschließt in der Regel der Bundestag. Die Richter sind unabhängig und dürfen nicht beeinflusst werden.

3. ____________________

Es ist frei gewählt und damit das „Herzstück" der Demokratie. Es vertritt das Volk.

4. ____________________

Jeder Bürger hat diese Rechte, z. B. das Recht auf Menschenwürde, Meinungsfreiheit, Versammlungsfreiheit usw.

**3.** Einige der Wörter haben <u>nichts</u> mit „Demokratie" zu tun. Streiche sie durch!
**Gewaltenteilung – Zensur – Wahlen – Grundrechte – Diktatur – Parlament – Pressefreiheit – Absolutismus – Gleichschaltung – Präsident – Herrschaft – Mehrheit**

Wenn ich etwas in der Politik verändern möchte, muss ich mitmachen! Sonst machen es andere!

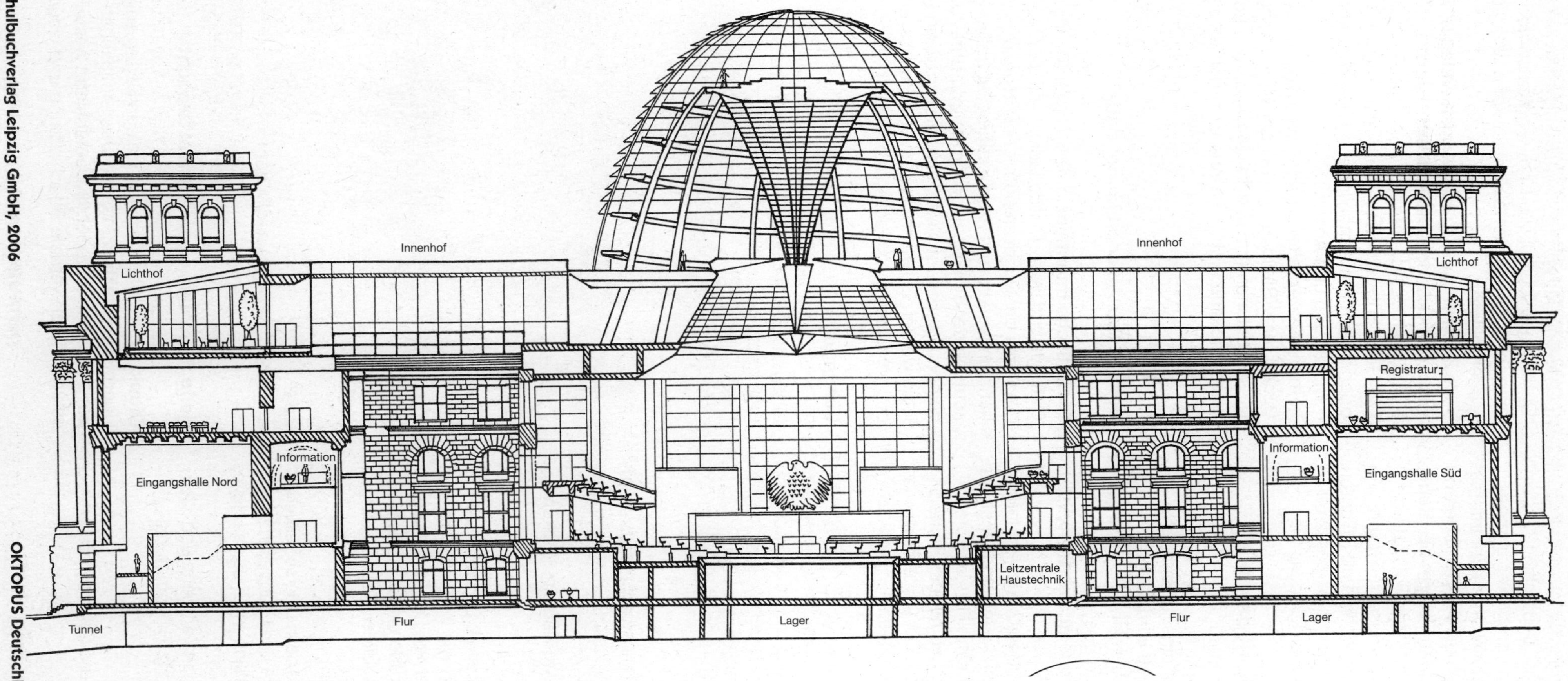


**1.** Male die Teile des Reichstagsgebäudes nach der Legende farbig aus.

- orange – Dachterrasse mit Aussichtsplattform
- blau – 3. Obergeschoss: Fraktionssitzungssäle und Presselobby
- grün – 2. Obergeschoss: Räume für den Bundestagspräsidenten (zurzeit: Norbert Lammert), seine Mitarbeiter, den Ältestenrat und die Verwaltungsleitung
- gelb – Besuchertribünen und Informationsräume
- braun – 1. Obergeschoss mit Plenarsaal
- rot – Erdgeschoss: Eingangshallen und Versorgungseinrichtungen
- violett – Kellergeschoss: Haustechnik, Lager



OKTOPUS Deutschland – deine Ordnung, ISBN 3-623-20714-4

# Lösungen der Aufgaben

Liebe Kolleginnen und Kollegen,
der vorliegende Unterrichtsbaustein „Deutschland – deine Ordnung“ möchte Ihnen helfen, ein komplexes und bei Schülern eher „unbeliebtes“ Thema im Unterricht interessant und abwechslungsreich zu behandeln. Denn gerade die Beschäftigung mit dem politischen System der Bundesrepublik bildet das „Kerngeschäft“ des Politikunterrichts. Die Schülerinnen und Schüler müssen wissen, wie die Demokratie funktioniert, welche Rechte und Pflichten sie haben und wie sie ihre Rolle als mündige, partizipationsbereite Staatsbürger wahrnehmen können.

**Folgende Prinzipien liegen dem Heft zugrunde:**

**Inhalts- und Textauswahl:**
Das Heft ist so aufgebaut, dass auf einer Doppelseite jeweils ein Themenbereich behandelt wird (Überschrift). Bei der Abfolge wurde fachlichen Aspekten Rechnung getragen (vom Grundsätzlichen zum Besonderen). Auf eine „Institutionenkunde“ im althergebrachten Sinne ist bewusst verzichtet worden.
Die Textauswahl wurde unter folgenden Gesichtspunkten vorgenommen: kurze, gut verständliche Informationstexte, die Inhalte „reduzieren“, aber nicht simplifizieren. Diese dienen als Grundlage der Arbeit an und mit den Texten, zusätzlich werden dialogische Texte, Quellentexte sowie viele unterschiedliche Medien angeboten.

**Unterschiedliche Aufgabenbereiche:**
Die Aufgabenbereiche sind bewusst sehr verschieden gewählt und sollen verschiedene Lernwege ansprechen: aufschreiben, ausfüllen, anmalen, bearbeiten, übertragen, ergänzen, herausschreiben, zeichnen usw.

**Fachdidaktische Prinzipien:**
– Schülerorientierung:
Dieses Prinzip wird durch die Inhaltsauswahl und ihre Aufbereitung sichergestellt.
– Handlungsorientierung:
Dieses Prinzip findet sich in Form von Rätseln, Lückentexten, Zuordnungsaufgaben usw.
– Methodenkompetenz:
Die Arbeit mit dem Heft fördert in vielfältiger Weise den Erwerb von Methodenkompetenzen wie Informationsbeschaffung durch Medien wie Internet, Lexikon, Atlas; Tätigkeiten wie ausschneiden, zuordnen, nachschlagen, verwandeln von Statistiken in Schaubilder, Karikaturen in Schritten auswerten u.ä.
– Selbsttätigkeit:
Arbeitsaufträge sprechen für sich und sind in unterschiedlichen Sozialformen zu lösen (Einzel-, Partner- und Gruppenarbeit). Möglichkeiten der Lernkontrolle finden sich am Ende des Heftes.
– Regionalbezug:
Es wird immer der Transfer auf die lokale Ebene und die Lebenswelt der Schüler mitbedacht (z. B. Kommunalwahlen in der Gemeinde).
– Fächerübergreifender Ansatz:
Fächer wie Geschichte, Erdkunde und Deutsch stellen fächerübergreifende Bezüge her.
– Differenzierung:
Durch unterschiedliche Schwierigkeitsgrade bzw. Zusatzaufgaben für motivierte Schüler kann differenziert werden.
– Exemplarität:
Viele Themen werden fallbezogen erklärt (z. B. bei den wichtigen Grundgesetz-Artikeln).
– Produktives Arbeiten:
Die Gestaltung eines Wahlplakates, einer Wandzeitung oder einer Karte ermöglichen produktorientiertes Arbeiten.
– Bewertung und Analyse:
In mehreren Arbeitsaufträgen werden die Schüler aufgefordert, eine Stellungnahme oder Meinung zu formulieren. Diese Stellungnahmen können dabei sehr kontrovers ausfallen und sind nicht im Sinne von „richtig“ oder „falsch“ zu bewerten.

**Seite 1 Der Adler ist immer dabei**

**Didaktische Intention:** In dem fiktiven Dialog zwischen Oktopus und dem „Bundesadler“ soll die Bedeutung des Wappens der Bundesrepublik herausgearbeitet werden. Der handlungsorientierte Arbeitsauftrag ist geeignet, die Beobachtung der Schüler zu schärfen, wo überall das Bundeswappen verwendet wird. Fächerübergreifend zum Fach Biologie werden Eigenschaften des Steinadlers („Tiersteckbrief“) aus verschiedenen Quellen (Lexikon, Internet) ermittelt.

**Lösungen**
Zu 1. So sieht der Bundesadler aus, der sich im Reichstagsgebäude in Berlin hinter dem Plenarsaal des Bundestages befindet:

Zu 2.
z. B. http://www.Steinadler.com

**Seite 2/3 Alles was der Staat braucht**

**Didaktische Intention:** Die beiden Seiten sollen einen Überblick vermitteln, aus welchen politischen Elementen der Staat Bundesrepublik Deutschland besteht. Dies geschieht durch verbale Beschreibung und visuelle Anreize.

**Lösungen**
Zu 2. Die Deutschland-Sieben
1: Regeln und Gesetze
2: Staatswappen
3: Nationalhymne
4: Bürger / Bürgerin
5: Volk
6: Staatsgebiet und Staatsname
7: Demokratie
Zu 4. schwarz-rot-gelb (von oben nach unten)

**Seite 4 / 5 Deutschland auf drei Ebenen**

**Didaktische Intention:** Die beiden Seiten verdeutlichen, auf welchen drei Ebenen Politik in Deutschland betrieben wird. Dabei wird in erster Linie die Ebene der Bundesländer und Stadtstaaten in den Blick genommen, aber auch die kommunale Ebene. Dafür wird die regionale Umgebung der Schüler als Fallbeispiel herangezogen: Die Schüler sollen sich anhand von Erkundungsaufgaben über ihre Heimatgemeinde informieren. Daher werden zu diesen Aufgaben (5 und 6) auch keine Lösungen angeboten.

**Lösungen**

Zu 1.

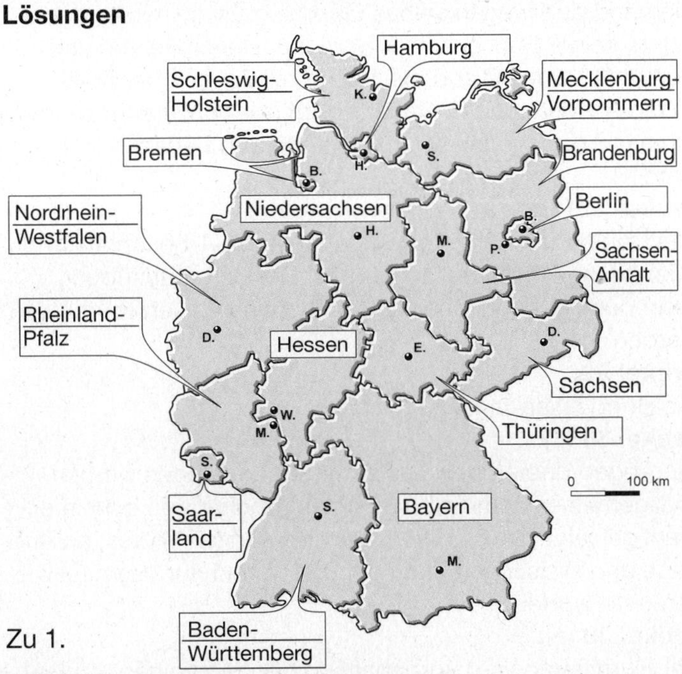


Zu 2.
Staatsfläche: 357 050 km² (2004)
Einwohnerzahl: 82 501 000 (2004)
größte Städte:

| | | |
|---|---|---|
| 1 | Berlin | 3 388 477 Einwohner |
| 2 | Hamburg | 1 734 083 Einwohner |
| 3 | München | 1 247 873 Einwohner |
| 4 | Köln | 965 954 Einwohner |
| 5 | Frankfurt am Main | 643 432 Einwohner |
| 6 | Dortmund | 589 661 Einwohner |
| 7 | Essen | 589 499 Einwohner |
| 8 | Stuttgart | 589 161 Einwohner |
| 9 | Düsseldorf | 572 511 Einwohner |
| 10 | Bremen | 544 853 Einwohner |

Nachbarstaaten: Dänemark, Niederlande, Belgien, Luxemburg, Frankreich, Schweiz, Österreich, Tschechische Republik, Polen
Wirtschaftsgüter: Import 574,4 Mrd. Euro 2004
11,4 % Elektronik; 10,3 % KFZ und -teile; Erdöl und Erdgas; chem. Erzeugnisse; Nahrungsmittel; Maschinen; Elektrotechnik; chemische Vorerzeugnisse
Export 731,1 Mrd. Euro 2004
18,3 % Kfz und -teile; 8,1 % chem. Enderzeugnisse; Elektronik; chemische Vorerzeugnisse; Elektrotechnik: Mechatronik; Nahrungsmittel; Eisen- und Stahlerzeugnisse

Handelspartner von Dtl. 2004: Export: Frankreich, USA, Großbritannien, Italien, Niederlande, Belgien, Österreich, Spanien, Schweiz, VR China
Import: Frankreich, Niederlande, USA, Italien, Großbritannien, VR China, Belgien, Österreich, Schweiz, Japan

größte Unternehmen = größte Arbeitgeber 2006: Siemens, Deutsche Post AG, DaimlerChrysler AG, Volkswagen, Deutsche Telekom AG, Deutsche Bahn AG, Robert Bosch GmbH, EDEKA Gruppe, Metro AG, Rewe-Gruppe, ThyssenKrupp AG, Tengelmann, Allianz Group, RWE AG, Bayer, BMW Group, KarstadtQuelle Konzern, Deutsche Lufthansa, BASF-Gruppe, RAG AG, Bertelsmann AG, Continental AG, Deutsche Bank AG, E.ON AG, Fresenius AG
Mitgliedschaften in Organisationen: UNO, NATO, Europarat, Ostseerat, UNESCO, UNICEF, WHO, IWF, Weltbankgruppe,
Internat. Atomenergiebehörde (IAEA) …
Bundespräsident: Horst Köhler
Bundeskanzlerin: Angela Merkel
Minister: Bundesminister (BM) für Arbeit und Soziales (Franz Müntefering), BM des Auswärtigen Amtes (Frank-Walter Steinmeier), BM des Innern (Wolfgang Schäuble), BM der Justiz (Brigitte Zypries), BM der Finanzen (Peer Steinbrück), BM für Wirtschaft und Technologie (Michael Glos), BM für Ernährung, Landwirtschaft und Verbraucherschutz (Horst Seehofer), BM der Verteidigung (Franz Josef Jung), BM für Familie, Senioren, Frauen und Jugend (Ursula von der Leyen), BM für Gesundheit (Ulla Schmidt) BM für Verkehr, Bau und Stadtentwicklung (Wolfgang Tiefensee), BM für Umwelt, Naturschutz und reaktorsicherheit (Sigmar Gabriel), BM für Bildung und Forschung (Annette Schavan), BM für wirtschaftliche Zusammenarbeit und Entwicklung (Heidemarie Wieczorek-Zeul)

Zu 3.
Die Bundesrepublik Deutschland ist politisch eingeteilt in drei Ebenen: Die Ebene des Bundes, also der Staat als Ganzes, die Ebene der Bundesländer und die Ebene der Kommunen, das sind die Städte und Gemeinden. Der **Staat** Bundesrepublik Deutschland besteht aus 16 **Bundesländern**. Davon sind 13 unterschiedlich **große** Flächenländer und drei **Stadtstaaten**. Die Hauptstadt von **Deutschland** ist Berlin. Berlin ist der Sitz der **Bundesregierung**, des Bundestages und des Bundesrates. Jedes Bundesland hat eine eigene **Landeshauptstadt**.

Diese ist der jeweilige Sitz des **Landtages** und der Landesregierung. Den Chef einer Landesregierung nennt man **Ministerpräsidenten**. In den drei Stadtstaaten Hamburg, **Bremen** und Berlin heißt die Regierung **Senat**. Chef des Senats ist der **Bürgermeister**. Tausende von Städten und Gemeinden bilden die **unterste** politische Einheit, die **kommunale** Ebene.

Zu 4.

| Bundesland/ Stadtstaat | Einwohnerzahl | Hauptstadt |
|---|---|---|
| Baden-Württemberg | ca. 10,7 Millionen | Stuttgart |
| Bayern | ca. 12,5 Millionen | München |
| Berlin | ca. 3,4 Millionen | Berlin |
| Brandenburg | ca. 2,5 Millionen | Potsdam |
| Bremen | ca. 0,7 Millionen | Bremen |
| Hamburg | ca. 1,7 Millionen | Hamburg |
| Hessen | ca. 6 Millionen | Wiesbaden |
| Mecklenburg-Vorpommern | ca. 1,7 Millionen | Schwerin |
| Niedersachsen | ca. 8 Millionen | Hannover |
| Nordrhein-Westfalen | ca. 18 Millionen | Düsseldorf |
| Rheinland-Pfalz | ca. 4 Millionen | Mainz |
| Saarland | ca. 1 Million | Saarbrücken |
| Sachsen | ca. 4,3 Millionen | Dresden |
| Sachsen-Anhalt | ca. 2,5 Millionen | Magdeburg |
| Schleswig-Holstein | ca. 2,8 Millionen | Kiel |
| Thüringen | ca. 2,4 Millionen | Erfurt |

## Seite 6/7 Ein bisschen Ordnung gefällig?

**Didaktische Intention:** Auf den beiden Seiten sollen den Schülern grundlegende Informationen zum politischen System der Bundesrepublik vermittelt werden. Dies geschieht mit Hilfe eines kurzen Informationstextes sowie Rätselformen (Lückentext, Kreuzworträtsel, Vervollständigen von Satzanfängen), aber auch durch die Aufforderung zur eigenen Stellungnahme.

**Lösungen**

Zu 1. 1 BUERGER, 2 STAATSGEBIET, 3 FLAGGE, 4 NATIONALHYMNE, 5 BUNDESWAPPEN, 6 GESETZE, 7 GRUNDGESETZ, 8 DEMOKRATIE, 9 WAHLEN

zu 2. Griechenland um 500 v. Chr.

Zu 3. **Parteien, Menschen, Parlamente, Regierungen, Gerichte, Medien**

## Seite 8/9 Grundsätzlich: Grundgesetz

**Didaktische Intention:** Als Grundlage der Demokratie der Bundesrepublik gilt das Grundgesetz. Die Schüler sollen das Grundgesetz aber nicht nur „kennen lernen" und die wichtigsten Aussagen „wissen", sondern handelnd und fallorientiert mit dem Grundgesetz umgehen können. Dazu dienen die Arbeitsaufträge, wonach die Geltung von Artikeln des Grundgesetzes auf konkrete Fälle angewendet bzw. die entsprechenden Artikel mit Hilfe des Inhaltsverzeichnisses herausgesucht werden.

**Hinweis:** Das Grundgesetz kann kostenlos für alle Schüler bei der Bundeszentrale für politische Bildung oder bei den Landeszentralen für politische Bildung angefordert werden.

**Lösungen**

Zu 1.
http://www.bpb.de/kontakt
E-Mail: info@bpb.de

Zu 2.
1. Artikel 2 (2), 2. Artikel 3 (2), 3. Artikel 10 (1), 4. Artikel 5 (1), 5. Artikel 12 (1), 6. Artikel 6 (1), 7. Artikel 12a (2)

Zu 3. 8. Artikel 22, 9. Artikel 38 (2),10. Artikel 39 (1), 11. Artikel 62, 12. Artikel 63 (1), 13. Artikel 65a, 14. Artikel 79

Zu 4.

**Artikel 1 (1):**
Die Würde des Menschen ist unantastbar. Sie zu achten und zu schützen ist Verpflichtung aller staatlichen Gewalt.

**Artikel 2 (2):**
Jeder hat das Recht auf Leben und körperliche Unversehrtheit. Die Freiheit der Person ist unverletzlich. In diese Rechte darf nur aufgrund eines Gesetzes eingegriffen werden.

**Artikel 3 (3):**
Niemand darf wegen seines Geschlechts, seiner Abstammung, seiner Rasse, seiner Sprache, seiner Heimat und Herkunft, seines Glaubens, seiner religiösen oder politischen Anschauungen benachteiligt oder bevorzugt werden. Niemand darf wegen seiner Behinderung benachteiligt werden.

**Artikel 12 (1):**
Alle Deutschen haben das Recht, Beruf, Arbeitsplatz und Ausbildungsstätte frei zu wählen. Die Berufsausübung kann durch Gesetz oder aufgrund eines Gesetzes geregelt werden.

**Artikel 22:**
Die Bundesflagge ist schwarz-rot-gold.

**Artikel 38 (1):**
Die Abgeordneten des Deutschen Bundestages werden in allgemeiner, unmittelbarer, freier, gleicher und geheimer Wahl gewählt. Sie sind Vertreter des ganzen Volkes, an Aufträge und Weisungen nicht gebunden und nur ihrem Gewissen unterworfen.

**Artikel 39 (1):**
Der Bundestag wird vorbehaltlich der nachfolgenden Bestimmungen auf vier Jahre gewählt. Seine Wahlperiode endet mit dem Zusammentritt eines neuen Bundestages. Die Neuwahl findet frühestens sechsundvierzig, spätestens achtundvierzig Monate nach Beginn der Wahlperiode statt. Im Falle einer Auflösung des Bundestages findet die Neuwahl innerhalb von sechzig Tagen statt.

**Artikel 70 (1):**
Die Länder haben das Recht zur Gesetzgebung, soweit dieses Grundgesetz nicht dem Bunde Gesetzgebungsbefugnisse verleiht.

**Artikel 79 (1):**
Das Grundgesetz kann nur durch ein Gesetz geändert werden, das den Wortlaut des Grundgesetzes ausdrücklich ändert oder ergänzt ... [noch 10 Zeilen]

**Artikel 20 (1 und 2):**
(1) Die Bundesrepublik ist ein demokratischer und sozialer Bundesstaat.
(2) Alle Staatsgewalt geht vom Volke aus. Sie wird vom Volke in Wahlen und Abstimmungen und durch besondere Organe der Gesetzgebung, der vollziehenden Gewalt und der Rechtssprechung ausgeübt.
**Artikel 97 (1):**
Die Richter sind unabhängig und nur dem Gesetz unterworfen.
Zu 5.
Männer und Frauen **sind gleichberechtigt**.
Jeder hat das Recht auf **Leben und körperliche Unversehrtheit**.
Die Wohnung ist **unverletzlich**.
Eigentum **verpflichtet**.
Politisch Verfolgte genießen **Asylrecht**.

## Seite 10/11 Bundestag und Bundesrat: Von Bonn nach Berlin

**Didaktische Intention:** Die Schüler sollen sich anhand von kurzen Informationstexten sowie Schaubildern über die Aufgaben von zwei zentralen Verfassungsorganen, Bundestag und Bundesrat, informieren und sich Informationen über ihre lokalen Abgeordneten besorgen. Dies ist über entsprechende Datenbanken im Internet ohne Probleme möglich. Eine klassisch-institutionenkundliche Ausrichtung unterbleibt in Anlehnung an neuere fachdidaktische Erkenntnisse.

**Lösungen**
Zu 1.
**Der Bundestag – Was ist das?**
Zentrum des neuen Regierungsviertels an der Spree ist das **Reichstagsgebäude**. Es wurde von 1996–1999 renoviert und nach Plänen des Architekten Sir Norman Forster mit einer attraktiven **Glaskuppel** versehen.
Im Inneren befindet sich ein neuer **Plenarsaal**. Hier tagt seit 1999 unsere Volksvertretung, der Deutsche Bundestag. Er ist das Herzstück der Demokratie. Er wird vom **Volk** direkt gewählt und hat daher eine besondere Stellung in der politischen **Ordnung** der Bundesrepublik. Er besteht aus den **Abgeordneten** der Parteien, die **Vertreter** des ganzen Volkes sind. Bei ihren Entscheidungen sind sie nur ihrem **Gewissen** unterworfen, aber natürlich spielt auch die Meinung ihrer **Fraktion** eine Rolle. Die Abgeordneten sind Berufspolitiker, d. h. sie werden vom **Staat** für ihre Tätigkeit bezahlt („Diäten").
zu 4.

| Bundesland | Stimmen | Bundesland | Stimmen |
|---|---|---|---|
| Baden-Württemberg | 6 | Niedersachsen | 6 |
| Bayern | 6 | Nordrhein-Westfalen | 6 |
| Berlin | 4 | Rheinland-Pfalz | 4 |
| Brandenburg | 4 | Saarland | 3 |
| Bremen | 3 | Sachsen | 4 |
| Hamburg | 3 | Sachsen-Anhalt | 4 |
| Hessen | 5 | Schleswig-Holstein | 4 |
| Mecklenburg-Vorpommern | 3 | Thüringen | 4 |

## Seite 12 Zeichen der Demokratie: Die politische Karikatur

**Didaktische Intention:** Die Karikatur hat sich zu Recht zu einem der beliebtesten Medien des Politikunterrichts entwickelt. Ihre schnelle Verfügbarkeit über die Veröffentlichung in Zeitungen und Zeitschriften, ihr hoher Aufforderungscharakter für die Schüler, ihre Witzigkeit und Kritik machen das Medium für alle Unterrichtsphasen attraktiv. Der Umgang mit Karikaturen ist daher ein ganz zentrales Lernziel des politischen Unterrichts.
Beim Einsatz der Karikatur im Unterricht geht es letztlich darum, dass die Schüler die Intention des Zeichners erkennen bzw. die Missstände benennen können, die der Zeichner mit Hilfe der Karikatur kritisiert. Dazu wird in der Regel ein didaktischer Dreischritt verwendet: 1. Zunächst geht es darum, die Karikatur möglichst genau zu beschreiben. 2. Dann müssen die Symbole entschlüsselt werden, die in der Karikatur verwendet werden (z.B. Adler für die Bundesrepublik). 3. Die Intention des Zeichners muss mündlich oder schriftlich versprachlicht werden. Zusätzlich können die Schüler produktorientiert mit Karikaturen umgehen: Formulierung von Überschriften, Herstellen eines Puzzles, eigene „Karikatur" zeichnen sowie passende Karikaturen in Zeitungen, Zeitschriften und im Internet suchen.

## Seite 13: Deutsche Jahre: 1949 bis heute

zu 1. individuell
zu 2. Das Brandenburger Tor.
zu 3. Das Durchqueren ist seit dem 22. Dezember 1989 wieder möglich. Zuvor lag das Brandenburger Tor im Sperrbezirk im Ostteil der Stadt, der durch die „Berliner Mauer" vom Westteil getrennt war und ein Durchqueren unmöglich machte.

## Seite 14/15 Präsident und Kanzlerin: Menschen mit Macht

**Didaktische Intention:** Politik findet nicht nur in Strukturen, sondern immer stärker durch Personen statt. Diese Personalisierung zeigt sich v.a. in der Vermittlung von Politik in den Massenmedien, insbesondere im Fernsehen. Daher sollen die Schüler die zwei wichtigsten Repräsentanten des politischen Systems, Bundespräsident und Bundeskanzler und deren Aufgaben kennen lernen. Ein kurzer historischer Exkurs ermöglicht es den Schülern, die bisherigen acht Bundeskanzler und die Bundespräsidenten zumindest namentlich zu kennen. Handlungsorientierte Arbeitsaufträge sollen die Schüler zur selbstständigen Recherche und Beobachtung (Namen von Straßen und Plätzen) anleiten.

**Hinweis:** Der männliche Begriff „Bundeskanzler" bezeichnet ein Amt und wird daher im Grundgesetz verwendet. Da aber die Bundesrepublik ab dem 22. 11. 2005 erstmals in ihrer Geschichte von einer Frau regiert wird, lautet deren korrekte Anrede: „Frau Bundeskanzlerin". Das Wort „Bundeskanzlerin" wurde übrigens von Sprachforschern zum „Wort des Jahres 2005" gewählt.

**Lösungen**
Zu 1.
Bundesverteidigungsminister: Franz Josef Jung (CDU)
Bundesjustizministerin: Brigitte Zypries (SPD)
Bundesfinanzminister: Peer Steinbrück (SPD)
Bundesinnenminister: Wolfgang Schäuble (CDU)
Bundesaußenminister: Frank-Walter Steinmeier (SPD)
Bundeskanzlerin: Angela Merkel (CDU)

Zu 2.
1949–1963: Konrad Adenauer (CDU)
1963–1966: Ludwig Erhardt (CDU)
1966–1969: Kurt Georg Kiesinger (CDU)
1969–1974: Willy Brandt (SPD)
1974–1982: Helmut Schmidt (SPD)
1982–1998: Helmut Kohl (CDU)
1998–2005: Gerhard Schröder (SPD)
ab 22.11.2005: Angela Merkel (CDU)

Zu 3. Schloss Bellevue in Berlin – Bundespräsidialamt
Zu 4. individuell
Zu 5. Der Bundespräsident, der auch als „Sänger" berühmt wurde, hieß **Walter Scheel**. Er sang öffentlich das Volkslied **„Hoch auf dem gelben Wagen"**.
Zu 6. inidviduell

Zu 7. Die Vor- und Nachnamen der Bundespräsidenten (in der zeitlichen Reihenfolge der Amtsträger nach der Gründung der Bundesrepublik im Jahre 1949):
Theodor Heuss (1949–1959)
Heinrich Lübke (1959–1969)
Gustav Heinemann (1969–1974)
Walter Scheel (1974–1979)
Karl Carstens (1979–1984)
Richard von Weizsäcker (1984–1994)
Roman Herzog (1994–1999)
Johannes Rau (1999–2004)
Horst Köhler (ab 2004)

### Seite 16/17 Demokratie: Ohne Parteien läuft nichts

**Didaktische Intention:** Die Schüler sollen die große Bedeutung der Parteien im politischen System der Bundesrepublik Deutschland kennen lernen, d. h. ihre wichtigsten Aufgaben und ihren organisatorischen Aufbau. Hinsichtlich ihrer Rolle in der Öffentlichkeit wird insbesondere das Agieren der Parteien in Wahlkämpfen thematisiert. Inhaltlich und sprachlich sind die Texte den Erfordernissen der Schüler angepasst. Sie haben auch kritische Aussagen der Wissenschaft, etwa zum Verhalten der Parteien im Wahlkampf aufgenommen. Daneben werden Fragen beantwortet, die die Lebenswelt der Schüler betreffen (Wie komme ich in eine Partei, was muss ich dort tun usw.). Die Schüler werden aufgefordert, die Rolle eines Wahlkampfmanagers einzunehmen und entsprechende Produkte herzustellen (Wahlplakate, Slogan usw.). Hier wäre eine Zusammenarbeit mit den Fächern Deutsch und Bildende Kunst angezeigt.

**Lösungen**
Zu 1.
SPD: Sozialdemokratische Partei Deutschlands
CDU: Christlich-demokratische Union Deutschlands
CSU: Christlich-soziale Union Deutschlands
B90/Grüne: Bündnis 90/Die Grünen
FDP: Freie Demokratische Partei Deutschlands
Die Linkspartei.PDS: Partei des demokratischen Sozialismus

Zu 2.
**Fernsehen, Rundfunk, Wahlversammlungen, Zeitungsinserate, Plakate, Wurf- und Briefsendungen, Web-Seiten, Wahlslogan, Umfragen**

Zu 3. individuell
Zu 4. individuell

### Seite 18/19 Wahl – ganz ohne Qual

**Didaktische Intention:** Wahlen gelten als Höhepunkte des demokratischen Prozesses. Daher sollen sich die Schüler ausführlich mit Fragen zum Wahlvorgang auseinandersetzen: Wie funktioniert eine Wahl? Welche Wahlen gibt es? Wer darf wählen? Wie läuft eine Wahl ab? Grundlegende Informationen und Einsichten sollen weitergegeben werden, wahlrechtliche und wahlmathematische Fragen bleiben dagegen weitgehend ausgeblendet. Als besondere Wahl wird die Wahl zum Europäischen Parlament kurz angesprochen.

**Lösungen:**
Zu 1.
1 – Bundestagswahl
2 – Landtagswahl
3 – Europawahl
4 – Kommunalwahl

Zu 2.

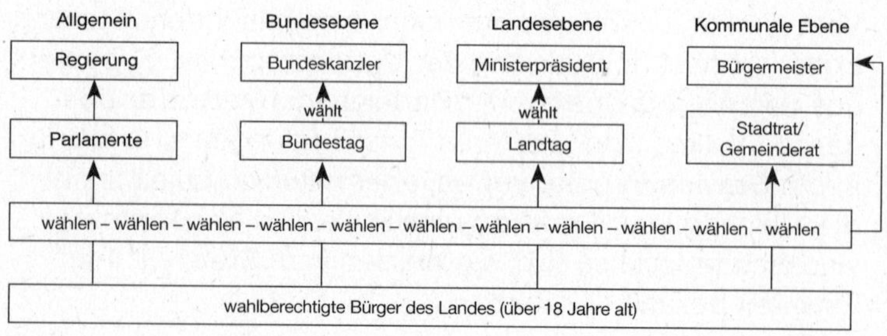

Zu 3.

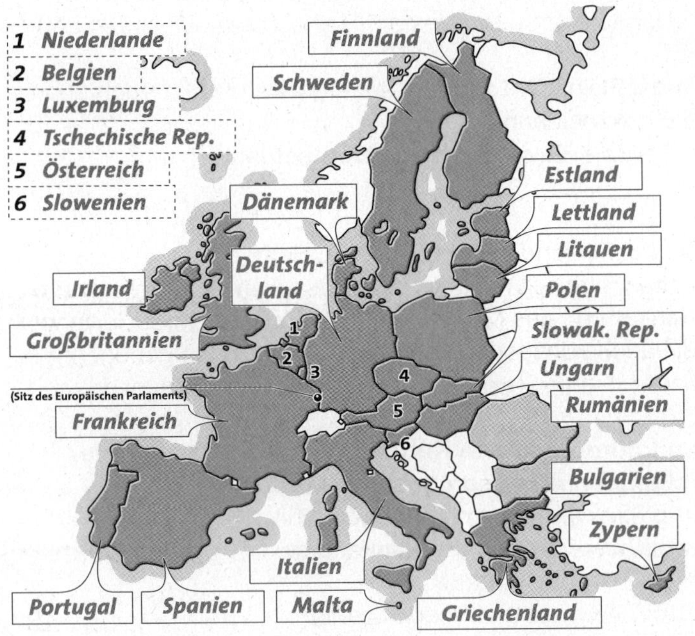


**Seite 20/21 Auf die Zweitstimme kommt es an!**

**Didaktische Intention:** Nach der grundsätzlichen Behandlung des Themas Wahlen wird der Bundestagswahl eine eigene Doppelseite gewidmet. Die Bundestagswahl gilt in der Bevölkerung als die wichtigste Wahl und hat daher auch die höchste Wahlbeteiligung. Dies rechtfertigt die ausführliche Darstellung des Verfahrens der Wahl und ihrer wahlrechtlichen Besonderheiten (Sperrklausel, Überhangmandate).
Die Schüler sollen aber nicht nur die Bundestagswahl kennen und erklären, sondern auch die Folgen der Wahl für die Regierungsbildung beschreiben können. Dies kann exemplarisch mit Hilfe des Wahlergebnisses der letzten Bundestagswahl durchgeführt werden. Als methodische Kompetenz wird die Versprachlichung der Wahlergebnistabelle sowie die Übertragung der Prozentzahlen in ein Kreisdiagramm eingeübt.

**Lösungen:**
Zu 1. **Erst-** und **Zweitstimme**, **Zweitstimme**, **Sitzen**
Zu 2. 21 000
Zu 3. Wenn im Bundestag 598 Abgeordnete sind, so liegt die Mehrheit bei 299, entsprechend der Formel: Gesamtzahl geteilt durch 2, dann +1

Zu 4.
- Die Unionsparteien CDU/CSU haben die meisten Stimmen bekommen.
- Keine Partei hat eine eigene Mehrheit.
- Die SPD und die CDU/CSU konnten eine Regierung (Große Koalition) bilden, weil sie gemeinsam über die Hälfte aller Abgeordneten stellen.

Zu 7. Alle genannten Aufgaben sind richtig.
Zu 8. Nr. 3, 5, 8 treffen zu.

**Seite 22 Demokratie – Teste dich selbst**

**Didaktische Intention:** Auf dieser letzten Seite des Heftes sollen die Schüler eine selbstständige Lernkontrolle durchführen, ob sie die grundlegenden Elemente der parlamentarischen Demokratie der Bundesrepublik Deutschland verstanden haben und mit Hilfe der zentralen Termini (freie Wahlen, Gewaltenteilung, Grundrechte usw.) beschreiben können. Dem Fach Sozialkunde kommt ohne Zweifel die Bedeutung zu, zentrale Begrifflichkeiten einzuführen und ihre Bedeutung zu klären. Die Schüler sollen in die Lage versetzt werden, diese Begriffe nicht nur zu kennen, sondern auch zu erklären (z. B. anhand aktueller Fallbeispiele). Dabei leistet das Fach Sozialkunde einen wichtigen Beitrag zur allseits geforderten „Erziehung zur Demokratie“, in dem es das unverzichtbare Grundwissen über „Demokratie“ bereitstellt. Dieses ist Voraussetzung zur politischen Teilhabe und zur Kommunikation über politische Zusammenhänge, zur Meinungsbildung und Bewertung – kurz: zu zentralen Zielen politischen Unterrichts.

**Lösungen:**
Zu 1.
Der Bundeskanzler ist der Chef einer ~~Landesregierung.~~ **(Bundesregierung)** Er wird vom ~~Stadtrat~~ **(Bundestag)** für die Zeit von ~~fünf~~ **(vier)** Jahren gewählt. Er bestimmt die Richtlinien der Politik. Zusammen mit den ~~„Sekretären“~~ **(Ministern)** bildet er die Bundesregierung, die auch Bundeskabinett genannt wird. Der Bundestag als ~~Exekutive~~ **(Legislative)** des ~~Landes~~ **(Bundes)** hat die Aufgabe, den ~~Bürgermeister~~ **(Bundeskanzler)** zu wählen. Seine wichtigste Aufgabe ist jedoch, über Gesetze abzustimmen. Diese werden in so genannten ~~„Vorlesungen“~~ **(Lesungen)** diskutiert, ehe es zur Abstimmung kommt. Hierbei gilt das Prinzip der ~~Minderheit~~ **(Mehrheit)** Die Mehrheitsfraktion im Bundestag unterstützt die Regierung, die sog. „Opposition“ kritisiert und kontrolliert die Bundesregierung. Die Abgeordneten einer Partei im Bundestag nennt man auch ~~„Legislative“~~ **(Fraktion)**. Derzeit ist die ~~FDP~~ **(CDU)** die stärkste Partei im Deutschen Bundestag.
Zu 2.
1. Freie Wahlen; 2. Gewaltenteilung; 3. Parlament
4. Grundrechte
Zu 3. Zensur, Diktatur, Absolutismus, Gleichschaltung

**Seite 23: Poster: Längsschnitt durch das Reichstagsgebäude**

**Didaktische Intention:**
Diese Seite stellt mit den Seiten 10/11 den geographischen Aspekt der Verfassungsorgane der Hauptstadt Berlin in den Mittelpunkt. Als zentrale Arbeitstechniken werden Kartenarbeit, die Interpretation und farbliche Umsetzung von Legenden sowie die Informationsbeschaffung eingeführt, geübt und vertieft. Der Bundestag gewinnt nicht zuletzt durch die Millionen von Touristen an Bedeutung, die angelockt werden und könnte zum „zum neuen Wahrzeichen von Berlin“ werden.

# Weiterführende Materialien

**Weiterführende Materialien zu Seite 4/5**
Eine gute Übersicht über alle Bundesländer bieten folgende Monographien (beide bei der Bundeszentrale für politische Bildung zu beziehen:
LAUFER, Heinz/Ursula MÜNCH: Das föderative System der Bundesrepublik Deutschland, Bonn 2003
WEHLING, Hans Georg (Hrsg.): Die deutschen Länder. Geschichte – Politik – Wirtschaft, Opladen 2004 (3. aktualisierte Auflage)

**Weiterführende Materialien zu Seite 8/9**
Zum Thema „Grundgesetz" bzw. „Grundrechte" gibt es eine Fülle von Unterrichtsmaterialien und Medien.
Folgende sind bei der **Bundeszentrale für politische Bildung** kostenlos zu beziehen:
- Grundgesetz für Einsteiger und Fortgeschrittene, Arbeitsmappe Oktober 2003 (Reihe: Thema im Unterricht) und Lehrerheft
- PZ-Extra-Heft Dezember 1998: 50 Jahre Grundrechte

Beim **Referat für Öffentlichkeitsarbeit des Deutschen Bundestages** kann folgende CD-Rom kostenlos per Postkarte oder online bestellt werden:
- Bundestag-Magazin: 50 Jahre Grundgesetz

Beim **Wochenschau-Verlag**, Bad Schwalbach kann folgendes Heft bezogen werden:
- Recht für alle, Heft 4–5/2000 für die Sekundarstufe I

Zum Thema „Rechtserziehung" hat das **Pädagogische Zentrum Rheinland-Pfalz** in Zusammenarbeit mit dem Ministerium der Justiz eine aus neun Einzelheften bestehende Veröffentlichung herausgegeben, die über das PZ Rheinland-Pfalz, Europaplatz 7, 55543 Bad Kreuznach zu beziehen ist:
- Recht im Unterricht: Fächerübergreifender und fächerverbindender Unterricht Sekundarstufen I und II, PZ-Informationen 18/2000

**Weiterführende Materialien zu Seite S. 10/11**
Neben den ausführlichen Internet-Seiten sind beim **Deutschen Bundestag**, Platz der Republik 1, 11011 Berlin mehrere CD-Rom kostenlos per Postkarte oder online zu bestellen, u. a. folgende:
- Bundestag-Magazin Sonderausgabe: 40 Jahre Bundestag (CD-Rom)
- Unser Parlament. Forum der Demokratie. 150 Jahre Parlamentsgeschichte in Bildern, Fotos, Videos, Texten und Dokumenten (CD-Rom)
- Bundestag-Magazin: Wählen gehen (CD-Rom)

Bei der **Bundeszentrale für politische Bildung** können folgende CD-Rom gegen eine geringe Schutzgebühr bezogen werden:
- Föderalismus in Deutschland. Stationen – Schlaglichter – Strukturen
- Deutsche Geschichte von 1949 bis zur Gegenwart
- Chronik der Mauer: 15. Juni bis 30. August 1961

Bei der Bundeszentrale ist folgendes Heft zu beziehen:
- Nahaufnahme Bundestag (Reihe Thema im Unterricht)

In der Reihe **Oktopus** ist der ergänzende Unterrichtsbaustein erschienen:
- **Berlin – Hauptstadt von Deutschland**

**Weiterführende Materialien zu Seite 12**
In besonderer Weise für den Einsatz im Unterricht sind die Karikaturen des Münchner Karikaturisten Horst Haitzinger, die auch künstlerisch höchsten Ansprüchen genügen. Sie findet man in vielen Tageszeitungen und in Zeitschriften.

**Im Internet können Karikaturensammlungen unter folgenden Adressen besorgt werden:**
http://www.burkhard-mohr.de/archiv.liste.php3?rubrik=0
http://www.wiedenroth-karikatur.de
http://rhein-zeitung.de
http://www.sakurai-vcartoons.de/
http://www.tomicek.de

**Als Buchempfehlungen zum Thema:**
- PÖTZSCH, Horst: Deutsche Geschichte nach 1945 im Spiegel der Karikatur München 1997
- GÖRRES, Karl/Werner LOCH: Politische Karikatur und ihr Einsatz im Unterricht, Limburg 1985
- SCHNEDIER, Franz: Die politische Karikatur, München 1988

**Weiterführende Materialien zu Seite 16/17**
Die Aufgaben, Befugnisse und Organisation von Parteien sind im **„Gesetz über die politischen Parteien" (Parteiengesetz)** geregelt.
Auszüge aus dem Parteiengesetz:
**§1:** Die Parteien sind ein verfassungsrechtlich notwendiger Bestandteil der freiheitlichen demokratischen Grundordnung. Sie erfüllen mit ihrer freien, dauernden Mitwirkung an der politischen Willensbildung des Volkes eine ihnen nach dem Grundgesetz obliegende und vom ihm verbürgte öffentliche Aufgabe.
**§2:** Die Parteien wirken an der Bildung des öffentlichen Willens des Volkes auf allen Gebieten des öffentlichen Lebens mit …

Zum **Einsatz im Unterricht** (kann auch im Internet heruntergeladen werden):
- Bundeszentrale für politische Bildung (Hrsg.): Koalieren und Regieren (Reihe: Themenblätter im Unterricht, Heft 23/2002)

**Zur Information:**
**Besonderheiten des Wahlkampfes zur Bundestagswahl vom 18. September 2005:**
**Das „TV-Duell" der Spitzenkandidaten Gerhard Schröder (SPD) und Angela Merkel (CDU):**
Wie nach der Wahl 2002 fand ein so genanntes „TV-Duell" der Spitzenkandidaten der großen Volksparteien im

Fernsehen statt. Das zur „besten Sendezeit" live in ARD, ZDF, RTL und SAT 1 übertragene Fernsehduell erreichte im Durchschnitt 15 Millionen Zuschauer, die höchste Sehbeteiligung des Sendetages.
Die Dramaturgie wurde von den Wahlkampfmanagern weitgehend vorgegeben und war auf Risikoreduktion und Pannenvermeidung angelegt.
Das eigentliche Duell lieferten sich daher die Experten, Parteifunktionäre, Demoskopen, Journalisten um die Auslegung und Deutung. Dabei wurde die Grenze zwischen der Produktion und Analyse von Medienereignissen nicht mehr sichtbar.
Das TV-Duell wurde als politisches Show-Spektakel der Zuschauerdemokratie inszeniert, das sich an ein Massenpublikum richtete. Die Fragen, Interessen und Kommentare der Wähler blieben weitgehend außen vor.
Eine Relevanz der Duelle für die individuelle Wahlentscheidung ist nicht nachweisbar. Vieles spricht dafür, dass sie für den Wähler keine Rolle spielten, weil die Wahlentscheidung ein komplexer Prozess aus vielen Faktoren darstellt. Das Fernsehen spielte aber für die Wahlkampfführung der Parteien eine zentrale Rolle.

**Weiterführende Materialien zu Seite S. 18/19**
Zum Thema „Europäische Einigung" ist eine Fülle von Materialen und Medien verfügbar.
**Zur grundlegenden Information:**
- Informationen zur politischen Bildung Heft 279/2003: Europäische Union
- KIRCH, Peter/GAFFGA, Peter: Die Europäische Union (Reihe: Top Thema, 1999

**Literaturhinweise:**
- JACHTENFUCHS, Markus (Hrsg.): Europäische Integration, München 2003
- KOHLER-KOCH, Beate/Wichard WOYKE (Hrsg.): Die Europäische Union (Lexikon der Politik, Band 5, hrsg. von Dieter NOHLEN), München 1996
- MICKEL, Wolfgang (Hrsg.): Handlexikon der Europäischen Union, Baden-Baden 2005
- PFETSCH, Frank: Die Europäische Union. Geschichte, Institutionen, Prozesse, München 2005
- WEIDENFELD, Werner/Wolfgang WESSELS (Hrsg.): Europa von A–Z. Taschenbuch der europäischen Integration, Bonn 2005
- WOYKE, Wichard (Hrsg.): Die Europäische Union, Schwalbach 1997

**Internetadressen:**
**http://www.europa.eu.int.**
Webseite der Europäischen Union mit aktuellen Informationen zu allen Europafragen
**http://www.europarl.eu.int/**
Webseite des Europäischen Parlaments
**http://europa-digital.de**
Nachrichten und Informationen zu EU-Themen aller Art

**Die Geschichte des „EURO":**
**1998:** Entscheidung über die Teilnehmerländer an der Europäischen Währungsunion.
Europäische Zentralbank wurde gegründet.
**1999:** Euro wurde eigenständige Währung.
Umrechnungskurs der DM zum Euro wurde festgelegt.
Währungsumstellung im bargeldlosen Verkehr begann.
Europäische Zentralbank übernahm die Zuständigkeit für die Geldpolitik.
**1. Januar 2002:** Euro wurde gesetzliches Zahlungsmittel.
Umtausch der DM in Euro-Banknoten und Euro-Münzen.
Konten wurden umgestellt.
**Ab 1. Juli 2002** gilt nur noch der Euro als gesetzliches Zahlungsmittel in den beteiligten EU-Staaten.

**Weiterführende Aufgabe zu Seite 20/21**
Was bedeuten die folgenden Wörter im Zusammenhang mit einer Wahl?

| | |
|---|---|
| **Allgemein:** | (Grundsätzlich alle dürfen wählen) |
| **Unmittelbar:** | (Wählerstimmen werden direkt gewertet) |
| **Frei:** | (Stimmabgabe erfolgt ohne Zwang) |
| **Gleich:** | (Jede Stimme hat gleiches Gewicht) |
| **Geheim:** | (Die Stimmabgabe erfolgt geheim) |

**Weiterführende Literaturhinweise zum politischen System der Bundesrepublik Deutschland zu Seite 22**
- ANDERSEN, Uwe/Wichard WOYKE (Hrsg.): Handwörterbuch des politischen Systems der Bundesrepublik Deutschland, Opladen 2003
- BEYME, Klaus von: Das politische System der Bundesrepublik Deutschland, Wiesbaden 2004 (10. akt. Auflage)
- GABRIEL, Oscar W./HOLTMANN, Everhard: Handbuch Politisches System Deutschland, München/ Wien 2005 (3., überarbeitete und erweiterte Auflage)
- GLAESSNER, Gert-Joachim: Demokratie und Politik in Deutschland, Opladen 1999
- HESSE, Joachim Jens/ELLWEIN, Thomas: Das Regierungssystem der Bundesrepublik Deutschland, Opladen 2004 (neubearbeitete und erweiterte Auflage)
- KORTE, Karl-Rudolf: Wahlen in der Bundesrepublik Deutschland, Bonn 2005 (5., überarbeitete und aktualisierte Auflage)
- PÖTZSCH, Horst: Die deutsche Demokratie, Bonn 2003 (3., aktualisierte Auflage).
  **Dieses von der Bundeszentrale für politische Bildung herausgegebene und kostenlos zu beziehende Buch bietet einen hervorragenden Überblick über das politische System der Bundesrepublik Deutschland anhand einer Fülle von übersichtlichen Schaubildern und Grafiken, die auch im Unterricht eingesetzt werden können.**
- RUDZIO, Wolfgang: Das politische System der Bundesrepublik Deutschland. Eine Einführung, Opladen 2006 (7. aktualisierte und erweiterte Auflage)
- SONTHEIMER, Kurt/ BLEEK, Wilhelm: Grundzüge des politischen Systems der Bundesrepublik Deutschland. München 2004 (aktualisierte Neuausgabe)

**Internetadressen zur Materialbeschaffung für das Fach Sozialkunde:**
**http://www.pbnetz.de**
Das politische Bildungsnetz/Informationsplattform für Sozialkundelehrer
**http://www.sowi-online.de**
Sozialwissenschaft und ihre Didaktik online
**http://www.bpb.de**
Bundeszentrale für politische Bildung
**http://www.politische-bildung.de**
Angebote Bundes- und Landeszentrale
**http://www.politische-bildung-rlp.de**
Landszentrale für politische Bildung RLP
**http://www.zum.de**
Zentrale für Unterrichtsmedien
**http://www.dvpw.de**
Deutsche Vereinigung für politische Wissenschaft
**http://www.dvpb.de**
Deutsche Vereinigung für politische Bildung
**http://www.gpje.de**
Gesellschaft für Politikdidaktik und politische Jugend- und Erwachsenenbildung
**http://www.uni-giessen.de**
Didaktik Gesellschaftswissenschaften Uni Gießen
**http://www.politik.uni-halle.de/reinhard**
Didaktik Sozialkunde Uni Halle
**http./www.uni-potsdam.de/u/LpB**
Didaktik der politischen Bildung Uni Potsdam

**Weiterführende Materialien zum Thema: „Demokratie in Deutschland“:**

- Landeszentrale für politische Bildung Rheinland-Pfalz (Hrsg.): Multiplikatorenpaket Demokratie, Mainz 2003
- Bundeszentrale für politische Bildung (Hrsg.): Was heißt hier Demokratie? (Reihe: Thema im Unterricht extra, Bonn 2004 (auch im Internet)
- Bundeszentrale für politische Bildung (Hrsg.): Die deutsche Demokratie im Unterricht (Reihe: Thema im Unterricht extra, Bonn 2001 (kann auch aus dem Internet heruntergeladen werden)
- Bundeszentrale für politische Bildung (Hrsg.): Grundgesetz für Einsteiger und Fortgeschrittene. Reihe: Thema im Unterricht extra, Bonn 2003 (kann auch aus dem Internet heruntergeladen werden)
- Denny Adelmund: Lern- und Planspiel: Parlamentarisches System: Von der Schule bis zur Uno, Verlag an der Ruhr, Mülheim 1996

**Allen Sozialkundelehrern und Lehrerinnen (und auch vielen Schülern) dürften die „schwarze Reihe“ der Bundeszentrale für Politische Bildung: „Informationen zur politischen Bildung“ bekannt sein.**
Folgende Hefte sind zum Thema erschienen:
Heft 165: Demokratie
Heft 207: Parteiendemokratie
Heft 227: Parlamentarische Demokratie I
Heft 228: Parlamentarische Demokratie II
Heft 275: Föderalismus in Deutschland
Heft 284: Demokratie

**Weiterführender Unterrichtsvorschlag:**
Umfrage in der Klasse/Lerngruppe:
**Wie kann ich mich an der Politik beteiligen?**

In der folgenden Aufzählung findest Du Möglichkeiten, wie sich Bürger an der Politik beteiligen können. Bearbeite die folgenden Aufträge:

1. Markiere die Möglichkeiten, die du selbst schon ausprobiert hast!
2. Sind auch Möglichkeiten genannt, die du ablehnen würdest? Warum?

☐ Den politischen Teil einer Zeitung lesen
☐ Politische Magazine lesen (z.B. „Spiegel“)
☐ Politische Sendungen im Fernsehen verfolgen
☐ Ein politisches Buch lesen
☐ In der Familie über Politik sprechen
☐ Mit Freunden über Politik sprechen
☐ Auf politische Versammlungen gehen
☐ Mit Politikern über Politik sprechen
☐ Abgeordnete ansprechen oder anschreiben
☐ Leserbriefe an Zeitungen schreiben
☐ Verfassungsbeschwerde einreichen
☐ Regelmäßig an Wahlen teilnehmen
☐ In Parteien oder Bürgerinitiativen eintreten
☐ Bei Wahlkämpfen mithelfen (Plakate kleben usw.)
☐ Auf Wahlveranstaltungen gehen
☐ Sich als Kandidat für ein Parlament aufstellen lassen
☐ Sich als Kandidat in einer Partei aufstellen lassen
☐ Ein politisches Amt ausüben (Bürgermeister, Landrat)
☐ An einer Demonstration teilnehmen
☐ Flugblätter verteilen und Unterschriften sammeln
☐ Häuser, Startbahnen oder Straßen besetzen
☐ Steine gegen politische Gegner werfen
☐ Gewalt zur Durchsetzung politischer Ziele ausüben
☐ Attentate planen und durchführen

Was sind Deiner Meinung nach die wichtigsten Mittel, sich an der Politik zu beteiligen?
Bringe die Mittel in eine Reihenfolge von 1 bis 5!

1. ______________________________
2. ______________________________
3. ______________________________
4. ______________________________
5. ______________________________

**Bitte daran denken:**
**Wenn ich etwas in der Politik verändern möchte, muss <u>ICH</u> mitmachen!**
**Sonst machen es andere!**


OKTOPUS Deutschland – deine Ordnung, ISBN 3-623-20714-4